René Crevel

Le Clavecin de Diderot

essai

 Le code de la propriété intellectuelle du 1er juillet 1992 interdit en effet expressément la photocopie à usage collectif sans autorisation des ayants droit. Or, cette pratique s'est généralisée dans les établissements d'enseignement supérieur, provoquant une baisse brutale des achats de livres et de revues, au point que la possibilité même pour les auteurs de créer des oeuvres nouvelles et de les faire éditer correctement est aujourd'hui menacée. En application de la loi du 11 mars 1957, il est interdit de reproduire intégralement ou partiellement le présent ouvrage, sur quelque support que ce soit, sans autorisation de l'Editeur ou du Centre Français d'Exploitation du Droit de Copie , 20, rue Grands Augustins, 75006 Paris.

ISBN : 978-1535552264

10 9 8 7 6 5 4 3 2 1

René Crevel

Le Clavecin de Diderot

essai

Table de Matières

De l'humanisme	7
Linguistique	8
À propos d'une chanson de geste	10
Pourquoi ces souvenirs ?	11
L'opium du peuple et des autres	14
Chantages à la poésie	16
La République des professeurs	18
Post-scriptum	21
De quelques formules protectrices	23
Amour divin et amour-propre	25
Le sac à facultés	28
À titre d'exemple	30
Après l'humanisme, le réalisme	32
Le surréalisme	33
Dieu et ses murs	37
Du pittoresque et des bordels	39
De la volupté coloniale au patriotisme de l'inconscient	43
Messianisme	47
Jésus	49
La vierge et le serpent	53
Le complexe d'Oreste	57
De l'animal et de la jouissance	59
Crime et châtiment	62
Juge et partie	66
On ne se baigne pas deux fois dans le même fleuve	68
Sensations et juste critique des unes par les autres	70
Dieu l'immobile	73
Des très dérisoires thérapeutiques individuelles	74
Le surréalisme au service de la révolution	81

à André Breton et Paul Éluard

Lénine, dans *Matérialisme et Empiriocriticisme*, constate, dès l'introduction, que : « Diderot arrive presque aux vues du matérialisme contemporain, d'après lesquelles, les syllogismes ne suffisent pas à réfuter l'idéalisme, car, il ne s'agit pas, en l'occurrence, d'arguments théoriques. » Lénine, qui ne craint pas d'apporter ses preuves, met à ample contribution *L'Entretien avec d'Alembert*.

À notre tour de citer parmi ce qui a été cité : « Supposez au clavecin de la sensibilité et de la mémoire, et, dites-moi s'il ne répétera pas, de lui-même, les airs que vous aurez exécutés sur ses touches ? Nos sens sont autant de touches qui sont pincées par la nature qui les environne et se pincent souvent elles-mêmes. »

Et d'abord, il importe de noter que si un terme de comparaison, celui-là et pas un autre, s'est imposé au maître des encyclopédistes, pour une fois, le symbole n'a pas perdu son homme. Mais, au contraire, l'homme a réhabilité son symbole. Je veux dire qu'un instrument dont le rôle habituel était de nous la faire au petit évocateur, enfin, nous apparaît décapé de tout pittoresque d'époque. Tarabiscotage, vernis martin écaillé, musique aux bougies, clairs de lune aristocratiques, Trianon et ses trois marches de marbre rose, fichus et bergerie Marie-Antoinette, *et ron et ron petit patapon et s'ils n'ont pas de pain qu'ils mangent de la brioche* plaisir de vivre et bagatelles, de Louis XV cette pourriture satinée, au comte d'Artois ce dadais, de la Pompadour pédante, phtisique et corsetée à la du Barry née Bécu, du moindre nobliau cul-terreux au prince de Ligne, ce premier des grands Européens, les êtres, les choses qui ont prêté à tant d'évocations abominablement exquises, marquises, abbés de cour, soubrettes, chevaliers, Camargos et *tutti quanti*, ces bibeloteries, fadaises, fêtes galantes ou non, toute cette pacotille, tous ces accessoires de cotillon, pas un pouce de la belle surface lisse du clavecin de Diderot ne s'en est trouvé sali. Au contraire, tel que nous le recevons des mains de Lénine, il abolit, de sa masse exacte, propre, ces répugnants petits menuets de souvenirs verlainiens. Sa lumière a eu raison des maquillages symbolards, de leur opacité. L'écrivain fait sa métaphore, mais sa métaphore dévoile, ici éclaire, son écrivain. On respire, après tant de nuages de poudre aux vœux et de poudre de perlimpinpin. Non qu'il s'agisse d'ailleurs de se féliciter, à la manière des critiques en mal de conclusion : *On cherche un écrivain et on trouve un homme.*

Cette formule, nous la laissons à tous les mijoteurs, cuiseurs, distributeurs, amateurs du Gâteau Littéraire dont elle est le four banal.

De l'humanisme

« *Homo sum*, disait Térence, *et nil humani a me alienum puto.* »

En récompense de cette déclaration, l'Église a béatifié le faiseur de calembredaines. Il est devenu le saint Térence du calendrier catholique : *Homo sum*… Je suis un homme et rien de ce qui est humain ne m'est étranger.

Que cette déclaration ait valu renom de pionnier à son auteur, qu'elle en ait fait un évangéliste avant la lettre, voilà qui prouve assez la volonté confusionnelle des Églises et de l'intelligentsia bourgeoise, qui, en fait de psychologie, ne veulent d'autres découvertes que celles des plus communs lieux communs.

Il importe donc de ne pas se laisser encercler dans une lapalissade, rendez-vous de chasse de toutes les mauvaises fois du monde, carrefour équivoque où il n'est pas un maître chanteur qui ne soit venu s'essayer à faire son petit rossignol.

L'humain : pour emporter le morceau, n'importe quel opportuniste, à bout d'arguments, n'a qu'à s'en prévaloir. On connaît l'antienne : *Tâchez donc d'être* un *peu plus humain.* Sous les râteliers des MM. Prudhomme, elle vous a un de ces petits airs paternes, elle devient la prière mielleuse dont tous les rentiers espèrent qu'elle empêchera leurs rentes de descendre.

Or, parce que, si tout semble perdu, ces Messieurs feront du bon garçonnisme leur dernière cartouche, voici que, déjà, ils donnent à ce conseil un ton vaudevillesque, celui-là même qui valut à la célèbre phrase : « Mais n'te promène donc pas toute nue » de faire, à la fois le titre et le succès d'une pièce où s'incarnait, on ne peut mieux, l'esprit français, aux beaux jours du théâtre du Palais-Royal, avant la guerre.

L'humain, de son angle culturel, *l'humanisme,* de son angle christiano-philanthropique, *l'humanité*[1] synonyme sécularisé de la dernière des trois vertus théologales, la charité (laquelle, d'ailleurs, mériterait bien de passer avant la foi et l'espérance, eu égard au nombre de services qu'elle n'a cessé de rendre au capitalisme catholique, apostolique et romain), voilà tout ce qu'on nous offre, bien que nul n'ignore quels intérêts s'abritent à l'ombre de ces frondaisons-prétextes.

Et déjà, à cause de tous ces mots, qui sont à la fois des programmes électoraux, des étalons de valeurs morales, des monnaies d'échange, il nous faut noter que, dans l'histoire de l'homme, de l'humain, dirons-nous (assez beaux joueurs pour accorder cette ultime concession, la dernière cigarette à ces Messieurs de la démagogie en soutane ou complet-veston parlementaire) l'histoire du langage fait figure non d'un chapitre à d'autres tangent mais d'une glose ramifiée, entremêlée au texte.

Linguistique

À la psychanalyse de l'univers, de quel secours pourrait être la linguistique, si cette science, s'agît-il de langues mortes, savait, pour rester ou plutôt devenir vivante, remettre au point du temps qui fut le leur, ces familles de mots, dont, en vérité, elle se contente d'ouvrir les sépulcres, à seule fin de donner à s'extasier sur des cadavres rien que cadavres.

Qu'il entre tant soit peu de dialectique dans l'étude des dialectes (et qu'on ne m'accuse pas de jouer sur les mots, quand, au contraire je joue mots sur table), et le classique jardin des racines grecques et latines, au lieu de faire penser à un dépositoire d'affreux chicots, se repeuplera de ces membres vivants qui vont dans la terre chercher la nourriture des arbres et des plantes, et permettent ainsi, leur maturité aux fruits, à ces grains d'orge dont Engels, dans l'*Anti-Dühring* constate que « des milliers sont écrasés, bouillis, mis en

---

[1] Il a fallu la ruse prodigieuse et obstinée des moralistes et politiciens pour que le mot désignant l'ensemble des hommes en vienne à signifier non plus cette universalité concrète et vivante mais une abstraction qualitative dont la tartuferie couvre ses méfaits, et ne cesse d'arguer, pour contrarier, au profit du petit nombre favorisé, le devenir de l'humanité.

fermentation et finalement consommés. Mais si un tel grain d'orge rencontre les conditions qui lui sont normales, s'il tombe sur un terrain favorable, il subit sous l'action de la chaleur et de l'humidité une métamorphose spécifique : il germe, le grain disparaît comme tel, il est nié ; il est remplacé par la plante née de lui, qui est la négation du grain. Or quel est le cours normal de la vie de cette plante ? Elle grandit, fleurit, est fécondée et produit à la fin, de nouveau, des grains d'orge ; et, dès que ceux-ci ont mûri, la tige meurt ; elle aussi, de son côté est niée. Et, comme résultat de cette négation de la négation, nous avons, de nouveau, le grain d'orge initial, mais multiplié, dix, vingt ou trente fois ».

Or, l'examen au microscope analytique des vieilles formes culturelles, à quoi s'obstinent ceux qui prétendent consacrer leur vie à l'étude de l'humain, quel élément de vie décèlera-t-il dans les trente fois centenaires épis de Cérès, ou, même dans les très proches fleurs séchées du romantisme ?

Sous prétexte d'étudier les grains d'orge, on les frustre de la chaleur, de l'humidité indispensables à leur métamorphose spécifique. Deux négations égalent une affirmation : sans doute les grammaires doivent-elles en convenir, mais que cette loi ne se contente pas de régner sur le monde des formes écrites ou parlées, voilà qui décide les spécialistes ès humanités à mettre en conserve ce dont, justement, la faculté de se décomposer sous-entend les germinations futures. Ou encore, et, ici, l'exception confirme la règle, cette faculté de se décomposer, les professeurs dans leurs jours lyriques, en font la vertu intrinsèque d'un temps, d'un lieu, de certains êtres. Ainsi évoquent-ils Néron, l'incendie de Rome, Pétrone qui, et que sais je encore ?

D'ailleurs, ceux qui se penchent sur les squelettes du langage, pour la plupart pauvres impuissants qui vont chercher dans leurs paléontologies l'oubli de leurs manques, en face du présent et de ses créatures, deviennent amoureux de leurs grimoires, tels, de leurs momies, les archéologues. Et ces scatophages de l'antiquité, non point rats, mais vampires de bibliothèque, se décernent à eux-mêmes des brevets de bons vieux savants inoffensifs.

À la Sorbonne, ce musée Dupuytren de toutes les sénilités, j'en ai connu entre 1918 et 1922, une bonne demi-douzaine taillée et

Linguistique

s'enorgueillissant d'être taillés sur le modèle d'Anatole France. Au nom de l'humanisme, de quelle gaieté de cœur ils sacrifiaient, à leurs Thaïs poussiéreuses, l'actuel, le vivant. C'eût été risible, si, de ces marionnettes, les programmes officiels n'avaient entendu (et n'entendent encore) faire les mentors d'une jeunesse, la jeunesse, qui, elle, de toute sa bonne foi cherche l'humain. Sans doute, à ce piège, ne se laissent définitivement prendre que les niais parmi les niais. Aux autres, il faut, en tout cas, un sacré bon grand coup de colère, pour se venger du temps perdu et faire aussi et surtout que nul, dorénavant, n'ait à le perdre.

À propos d'une chanson de geste

Mais puisque langage et histoire de langage il y a, comment ne pas évoquer ce vieux pantin, qui, pour l'ouverture des cours de la Faculté des Lettres de Paris, la veille même de l'armistice, éprouva d'un râpeux bégaiement, ma bonne volonté toute neuve.

Il devait expliquer un texte de vieux français : *Gormont et Isembart*.

À cause du titre de cette chanson de geste et surtout du nom qui, dans le titre, faisait penser à quelque Isabeau (Isabeau de Bavière, s'entend) je m'étais plu à imaginer une histoire d'amour. Hennins et trouvères, je n'étais pas en avance pour mes dix-huit ans, mais, au sortir de l'aristocratique Janson-de-Sailly, le désir d'être autre chose qu'un sportif, un ingénieur diplômé du Gouvernement, témoignait d'une soif de connaissance bien insolite pour le 16 e arrondissement. Hélas, Isembart n'était pas Isabeau. Il s'agissait non d'amour, mais de guerre, autant que j'en pus juger par le distique initial :

En alt vois s'est escrié
Vous estes en dol tut fines…

que, deux heures durant, un vieux fou se contenta de répéter avec, pour tout commentaire, de multiples aboiements qui reprenaient les mots, un à un, et nous servaient, à propos de la moindre voyelle, tout un jeu de rauques vocalises.

René Crevel

Après ce beau début, je m'abstins plusieurs mois d'aller puiser aux sources du vieux français. Mais, un jour, égaré dans les couloirs, j'entendis de tels glapissements, que je poussai la porte qui se trouvait, comme par hasard, être celle de la salle où mon bon maître (ainsi doit-on dire, n'est-ce pas, quand on évoque les belles années de jeunesse et les leçons qui valurent à ces années d'être belles) se livrait à d'infinies variations sur l'*a* de Montmartre. Alors, peu expert ès bals musettes, le spectacle de ce podagre qui jouait de l'accordéon avec une voyelle me retint. Il allait du circonflexe à l'aigu, parvenait aux confins de l'*e,* se baissait pour en ramasser un qu'il servait grave, presque gras, mais, bien vite, asséchait. Pendant qu'il y était, sûr qu'il aurait pu faire passer la colline des Martyrs du passif à l'actif, tirer un peu sur l'*e,* le détendre et nous servir un *Montmeurtre* qui eût, à la fois, témoigné du juste retour des choses et aussi du sens prophétique de ceux qui, en faisant de ce mamelon le *Mons Martyrum,* lui avaient préparé une évolution phonétique parallèle à son évolution sociale.

Le vieux palotin se contentait, il est vrai, de jongler avec des *Montmertre,* à tel point inoffensifs que, mis à bout par ce défaut d'imagination, et, en même temps, tout pénétré de Jarry dont on venait de rééditer *Uburoi,* je murmurai, malgré moi, *Montmerdre.*

Or, à peine avais-je interrompu la série des *mertre, mertre, mertre, mertre,* dont la quasi-uniformité (j'ose même dire l'uniformité pour une oreille de non-initié) semblait, de leurs répétitions, avoir saoulé celui dont la bouche les proférait, que je craignis un malheur. Rendu par ma faute à un monde qui n'était plus celui des incantations philologiques, n'allait-il pas se casser le cou, tel le somnambule, dont, se trouve ramené à la conscience le sommeil errant au-dessus des toits ? Mais lui, au contraire, avec élasticité rebondit, répondit en contestant le *d* de merdre, car, affirmait il, une métamorphose de voyelle ne pouvait décider aussi aisément d'une métamorphose de consonne, surtout si, entre la voyelle et la consonne en question, une autre consonne mettait sa barrière.

Pourquoi ces souvenirs ?

Jolie solidarité que celle d'un monde où des lettres enfermées dans les frontières d'un même mot ne peuvent changer, c'est-à-dire vivre de concert. Constatation dont je ne suis, tout de même, point d'humeur à me faire un petit souper de mélancolie, au milieu d'une nuit solitaire. J'ai laissé, tout simplement, me remonter un peu plus haut que la gorge, au cerveau, quoi ! ces souvenirs vieux de treize ans et sept semaines. Ils ne risquent guère de m'étrangler, m'étouffer, puisque, déjà, les voici hors des zones respiratoires.

Et cependant, si détaché que je sois de ces faits anciens, je pourrais encore les situer, à une minute près, car j'ai le sens, donc la mémoire du temps, avec, en compensation, d'ailleurs, l'ignorance, l'effroi de l'espace. Je ne me sers pas de montre, mais je descends une rue, croyant la monter.

Ainsi, m'égarai-je sous les combles de l'extravagance universitaire et ma jeunesse ne fut-elle pas exacte au rendez-vous qu'elle s'était fixé.

Ici, l'auteur, volontiers, s'attendrirait de n'avoir pas mieux été touché, de n'avoir pas, clavecin selon Diderot, répondu justement à des airs justes, donc collaboré à du mieux. Mais gare à la suie de l'attendrissement. Une très élémentaire politesse ne tolère ni la crasse des scrupules, ni les verrues des regrets. Que chaque pore soit débarrassé de son point noir, la pensée, les pensées dont la nuit, mauvaise conseillère, truffe les insomnieux.

Si je ne dors pas, c'est que, de ma chambre, j'entends une bourgeoisie aux faciès crétinoïdes et poumons ravagés, mener un beau tapage en l'honneur de la Saint-Sylvestre.

Je suis à Davos.
En Suisse.

La Suisse , violon d'Ingres de ma colère. Mais pourquoi m'en prendre à la confédération helvétique, enfin à son avantage, du moins dans les hautes vallées, par ce minuit transparent qui promet un demain matin craquant de gel, et dont la moindre poussière sera une neige éblouissante de cristaux. Et puis et surtout ces pages doivent être des éclairages simples (sans secours, ni maquillage de rouges glorieux, de bleus féeriques, de mauves déconcertants) sur les ponts à ciel ouvert, dans le secret des tunnels qui, entre eux, relient ces îlots de pensée, cités lacustres de systèmes que l'homme, triste castor, au cours des siècles, a construits pour s'abriter, lui et sa pensée.

Il a suffi de quelques tuberculeux déguisés en réveillonneurs pour me ressusciter les grimaces aboyantes d'un vieillard.

Retroussis de babines caduques en train de vous cracher des Montmartre -- êrtre -- êrtre…, pâles sourires dont l'agonie force la pitié, suffisances humanistes et testaments pathétiques, à quelques sauces, douce, triste, martiale, pédante qu'ils s'assaisonnent, dans cette Europe du milieu et de l'Ouest, sous tous les aveux, sous tous les masques, il y a un même et unique noyau d'inadmissible, dont l'acide prussique, à travers les fruits les mieux pétrifiés de la justice, de l'enseignement, de la médecine, de l'hygiène mentale, de l'art, filtre goutte à goutte.

Ce poison, il aura bientôt eu raison de notre cap de prétentions morcelées, dont chacune, pourtant, croyait que son égoïsme l'avait, à jamais, mithridatisée.

Alors, où vont-ils pouvoir se réfugier les individualismes nationaux et culturels, si fiers de se différencier de leurs voisins, pour, à leurs voisins, se préférer ? Qu'importe, pas de quartier. Quand le navire va couler, les rats en fuite n'en sont pas moins des rats.

Salauds !

On les connaît vos écoles, vos lycées, vos lieux de plaisir et de souffrance. Y prenait-on quelque élan, c'était pour aller se casser la gueule contre ces mosaïques de sales petits intérêts, qui servent de sol, de murs, de plafond à vos bâtiments publics et demeures privées.

Digne confrère de toutes les hargneuses théologies, l'humanisme donne pour une pensée libre sa pensée vague, et ainsi décide n'importe qui à reconnaître de droit sinon divin, du moins nouménal, l'exercice de ses facultés et métiers envers et contre les autres. Bien entendu, plus civilisé sera le pays, plus chaude sera la lutte entre individus. Le capitalisme se réjouit de cet état de concurrence. Les chrétiens soupirent : *Chacun pour soi et Dieu pour tous.*

Des langues anciennes, à la maladie, à la mort, en passant par

Pourquoi ces souvenirs ?

la littérature, l'art, l'inquiétude, les bars, les fumeries et les divers comptoirs d'échantillonnages sexuels, jusqu'ici, pour qui voulait faire son chemin, il s'agissait de se spécialiser c'est-à-dire, sur toute carte de visite réelle ou idéale, d'annoncer, à la suite de son nom, une virtuosité particulière.

Un peu d'habileté, les thèmes les plus ressassés faisaient figure, sinon d'excellent, du moins de très honorable Camembert. Le roman tirait parti de tout. La psychologie, camoufle en mains, vous creusait ses taupinières dans le hachis des désirs, la boue des crachats. Penser, c'était, avant tout, s'intoxiquer de soi-même.

L'opium du peuple et des autres

Mais s'agissait-il de drogues, la fameuse chanson finale devait être toujours un cantique à la gloire de l'opium du peuple. Un petit coup de musique religieuse. Là, ça va mieux. Ce sont de saintes âmes que les âmes des violons. Quant à celles des orgues, nul ne leur conteste une magnificence archiépiscopale.

Et même ceux qui prétendent ne point tomber dans le piège des confusions mélomaniaques, les disciples modernes de M. de Voltaire, après avoir consenti à répéter la phrase célèbre : « Si Dieu a fait l'homme à son image, l'homme le lui a bien rendu » ces professionnels de l'ironie s'autoriseront de la vieille boutade[1] pour continuer à tolérer, c'est-à-dire encourager, de toute leur fielleuse bonasserie, les idées, les idées chrétiennes que le monde se fit au soir angoissé de l'empire romain.

Les radicaux
trinquent avec les cardinaux,
jolis cocos.
Ma foi, ces messieurs vous rendraient poètes.

L'Église, refuge des cœurs qu'on a sortis de leurs poitrines originelles, des cœurs dont on ne sait que faire, des cœurs perdus,

---

1 Dont la conclusion pratique ne saurait être que le *statu quo*, puisque si Dieu = l'Homme, l'Homme = Dieu, donc l'homme s'y retrouve, sans rien avoir à craindre de Dieu.

René Crevel

cette idée, bien emberlificotée de mots et motifs à soutaches et soubretaches, on sait qu'elle a servi d'axe à l'une des phrases les plus ronflantes de Barbey d'Aurevilly. Mais, cher Barbey (au fait, ne dit-on pas crotté comme un barbet), mais, cher Crotté d'Aurevilly, faut-il que la soûlerie à l'eau bénite ait obscurci votre intelligence si souvent fulgurante des êtres et des idées, – n'est-ce pas historien des Diaboliques et de La Vieille Maîtresse , – pour que vous n'ayez pas même soupçonné que l'Église, afin de ne point demeurer vide, s'était justement donné à tâche de faire en sorte qu'il y eût beaucoup de cœurs perdus, de cœurs, d'âmes sans corps, en réponse à la vieille image des corps sans âme.

Les solitaires les plus brillants, ceux qui se sont arrangé une petite coquille dont la nacre accroche, retient, renvoie les rayons du soleil, ceux dont la gourmandise s'est trouvé une petite cachemite aussi bien dorée que croûte de pâté, ceux qui ont connu la gloire, puis feint de très exaltants mépris, ne savons-nous pas que leurs réduits, leurs tours d'ivoire, finissent toujours par sentir la croupissure d'eau bénite, le pipi de chaisière, les aisselles de sacristain et le nombril de chanoine.

L'aile de l'imbécillité dont Baudelaire s'est senti effleuré, mais elle se confondait avec la membrane des chauves-souris, le velours empoisonné des religions qui flattent, caressent, enveloppent celui que la société a désossé, démusclé, décartilaginé. Homme poreux à la détresse, l'Église, autour du cerveau, glisse, d'abord, son impondérable encens, puis c'est la gélatine des oraisons, et, en compresse de sirop d'opale, la lumière des vitraux. Alors, se mettent à sonner les cloches, les cloches, comme, lorsque parvenu au point culminant de l'anesthésie, on sait qu'on va retomber de l'autre côté. Du côté de la mort. Cette fois, l'opération consiste à empiler l'un sur l'autre, en paquets, tous ces feutres de sournoiseries, dont la pression, digne collaboratrice des scléroses organiques, ne fera point quartier aux méninges.

L'Église, tous les chemins lui sont bons, et elle s'en vante : Tous les chemins mènent à Rome. Ainsi, alors que, dans le privé, un ratichon qualifiait de sacrements du diable les drogues et l'inversion, les ambassadeurs de l'Église, ses représentants officiels et semi-officiels cherchaient des recrues, des alliés parmi ceux-là mêmes qui n'avaient jamais eu d'autres soucis que de communier

L'opium du peuple et des autres

à ces tables.

Chantages à la poésie

Avant leur faillite définitive, les grandes compagnies religieuses – eh ! ne dit-on pas la Compagnie de Jésus, comme la Compagnie du Gaz – ces entreprises d'obscurité ont recours à tous les moyens, à toutes les publicités.

Le Clergé s'est modernisé, mis au goût du jour. Ainsi, l'abbé Violet relève ses jupes, et, d'un pied gaillard, s'en va au Club du Faubourg, discuter le coup : Faut-il que jeunesse se passe ? Mon curé va chez les riches (bien sûr), chez les pauvres (ça lui plaît moins), chez les sportifs et même (qu'il dit), chez les poètes. Quand il ne peut ou n'ose, ou ne veut, ou ne daigne se déranger en personne, il dépêche son nonce laïque. La plus fameuse de ces visites fut pour l'esthète. Sur son seuil, littérature et religion échangèrent des lettres de créance. On décida une petite parade. Le nouveau converti donna la réplique au thomiste. L'on eut donc un tam-tam qui valait bien les histoires de colliers perdus, dans les taxis, par des vedettes en mal de réclame.

Comme, par ailleurs, le mot mystique avait été repeint à neuf, de quels tours de passe-passe ne devint-il pas la baguette magique. En guise de prestidigitateur, ce petit bonhomme de syllogisme :

Mystique = homme religieux.
Homme qui refuse de composer avec le monde et ses iniquités = mystique.
Donc, = homme religieux.

Ainsi, jusque dans les blasphèmes, vit-on l'expression de la foi. L'iconoclaste fut baptisé mystique à l'état sauvage, et, à travers cette épithète, passèrent, comme lettres à la poste, contresens et fraudes majeures, à quoi avaient, au reste, déjà prouvé qu'ils savent exceller les messieurs bien-pensants de l'art et de la littérature qui feignent de s'intéresser à des œuvres subversives, rien que pour les vider de leur moelle, leur flanquer un tuteur, justement de bois mystique, donc complaisant aux volubilis du conformisme gloseur.

René Crevel

C'est la grande tradition claudelienne, dont le mâchouillis diplomatico-bondieusard, depuis tant d'années, s'efforce de convertir (on fait bien voter les morts) Rimbaud, en boule de gomme très catholique.

Quand on lui demanda son avis sur le surréalisme, le poète ambassadeur (parce qu'il avait affaire à des vivants qu'il ne pouvait embigoter malgré eux) répondit par une grossièreté.

Au reste, le surréalisme, appel d'air, était bien fait pour, dès sa première phase, effrayer les grenouilles de bénitier, vous savez ces jolies petites bêtes sans cœur, sans rate, sans gésier, sans poumon et qui respirent avec la peau, celle du cul de préférence, car, alors, elles se respirent elles-mêmes dans ce qu'elles ont de plus caractéristique. Ces petites chéries n'échappèrent point à la contagion du modernisme et inventèrent la poésie pure, laquelle finissait, pour les rajeunir, en prière, c'est-à-dire en queue de têtard. Le qualificatif, d'allure à la fois évangélique et chimique, signifiait qu'on avait entendu miser sur plusieurs tableaux. Depuis longtemps, la Religion se plaisait à croire qu'elle avait, dans la personne de Pasteur, annexé la science. En fait de poète, elle avait bien Verlaine. Tout de même, le pauvre Lélian était par trop arsouille. Alors, l'abbé Bremond croupier de la grande roulette bondieusarde, prétendit mettre dans son jeu, dans sa poche, la poésie tout entière. Cette tricherie lui valut renom de finesse et de modernisme, partant une gloire, qui, dans cent ans donnera fière idée de l'époque à qui feuillettera les collections de nos journaux et revues littéraires.

Sans doute les opinions des laïcs officiels et semi-officiels ne valaient-elles pas mieux que les balivernes du mêle-tout enjuponné. Pour Paul Souday, par exemple, la chose écrite, prose ou vers, devait, avant tout, avoir pour but le divertissement de l'honnête homme. Ainsi, continuait-on à ne voir dans la poésie qu'une mine à sujets de pendules.

D'un article que M. Thibaudet, dans la *N.R.F.* du 1er janvier 1932 (les belles étrennes !) a, sous le titre : *Un idéaliste de province,* consacré à Victor Bérard, j'extrais ces lignes :

« Lamartine a introduit en France une politique des poètes et une poésie de la politique. Et le sel de la politique ou son âme, ce sont ses poètes. Barrès et Maurras sont les poètes de la politique de droite. Et la gauche ? Elle en a, elle en cherche et elle n'en chercherait pas, si elle n'en avait trouvé. Un jour que, dans une réception officielle, Mme de Noailles passait au bras de M. Herriot, M. Painlevé qui est mathématicien mais fin, les désigna à ses voisins avec ces mots : Deux poètes. Ce sera d'ailleurs une des gloires deM^{me} de Noailles que d'avoir exprimé au XXe siècle, entre Jaurès et Barrès, quelque chose de ce principe généreux de la poésie, de cette présence du courant lamartinien dans la vie politique française.

Parce qu'elle éclaire cette demi-page, il faut citer cette phrase, à la fin de l'article de M. Thibaudet :

« Au Sénat, Bérard incarnait avec flamme, originalité et invention le meilleur de la République , un mouvement, une liaison, un dialogue entre trois visages de la République , que j'appellerai République des procureurs, République des professeurs, République des idées. »

La République des professeurs

La République des professeurs, l'expression est chère à M. Thibaudet qui a, d'ailleurs, le mérite de l'avoir inventée. Or, parce que, au seuil de leur République, MM. les professeurs ne sauraient manquer d'être les procureurs d'idées, dans ce dialogue entre trois visages, leur voix couvrira les autres, ce qui permettra aux opportunistes de nous la faire à l'union sacrée, au nom de la civilisation à sauver, de la culture et du bon sens français. Donc la parole est à l'universitaire.

Si l'un des deux autres masques ouvre la bouche, ce ne peut, ce ne doit être que pour un dégueulis de ces lourds morceaux que dans les lycées, les facultés, il faut avaler, de gré ou de force.

Pour la France officielle, la poésie c'est, avant tout, un jeu, un exercice d'éloquence. Et il ne s'agit même plus de la faconde méditerranéenne. Le soleil, l'ail, l'accent, le mélange de sperme, de coquillage secret et de fruits trop mûrs, dont se trouve naturellement parfumée toute vieille cité phocéenne, voilà qui a été corrigé par la tristesse septentrionale.

René Crevel

Langue d'oc et langue d'oïl, l'une en l'autre fondue, et, l'Europe a eu sa langue diplomatique. Quant aux autochtones, ils se sont consacrés au culte d'un verbalisme décoloré. De Racine (*Andromaque*, le fameux discours à Pyrrhus : *avant que tous les Grecs vous parlent par ma voix*) à Lamartine (la phrase sur le drapeau tricolore qui a fait le tour du monde et le drapeau rouge qui n'a fait que le tour du Champ-de-Mars), les leçons que reçoivent, de leurs grands ou petits maîtres, à propos de textes rimés, lycéens et étudiants, ne sont que leçons de ruses oratoires.

Quant à la connaissance intime et générale de l'homme, certains ne font profession de lui vouer leurs travaux, leurs existences qu'à seule fin de lui dénier, de l'intérieur, toute chance de progrès.

En vérité, depuis des siècles, on se contente de répéter les mêmes expériences et considérations sur certains réflexes à fleur de peau, avec une volonté d'agnosticisme ou, au moins, le désir de conclure qu'il n'y a rien de changé sous le soleil. Et que se produise, quelque part, ce changement dont ne veulent pas les classes favorisées, elles crieront à la monstruosité. De toute source, et, si le geyser ne veut se laisser mettre en bouteille, qu'on l'écrase des plus lourdes pierres. Ainsi, un égocentrisme à courtes vues décide les individus à l'individualisme, les nations au nationalisme.

Que les éléments se mettent à bouillir sous les carapaces dont ils les ont revêtus et ces messieurs de la surface s'étonneront (cf. Paul Valéry – *Lettres sur la crise de l'esprit*) de ne pas peser plus lourd qu'un grain de sable, à cette colère exaspérée par leur obstination compresseuse…

Politique des poètes, poètes de la politique ne visent qu'à endormir l'humanité au rythme de quelques phrases pas trop mal venues. D'Orphée, les intellectuels, en mal de carrière parlementaire, ne considèrent que la réussite électorale. Oui, les pierres, les lions, les roseaux votaient pour l'amant d'Eurydice. Il s'agit donc de trouver une formule capable d'entraîner la majorité, de l'entraîner au fil du courant lamartinien. Alors, au moins on ne risquera plus d'aller trop vite, de se casser le nez, puisqu'on sera au beau milieu d'un lac – *Le Lac* – informe, immobile, verbeux.

Dans la boue de ses rives, on a planté une pépinière de mots historiques, un potager de métaphores décisives. Quartier réservé aux procureurs d'idées. Les hommes ne tolèrent pas que les femmes s'y promènent. Mme de Noailles a dû affirmer, en plusieurs volumes, son amour des larges pensées et des haricots verts pour avoir le droit d'y voleter, sautiller. Maintenant, elle y est, elle y reste. Herriot lui a offert son bras, Painlevé approuve, Thibaudet se réjouit. De quoi nous plaindrions-nous ? Elle est le rossignol, l'oiseau, de ces Messieurs, le zoziau à ses pépères.

Mais on n'assiste pas impunément à sa propre apothéose, fût-elle arrangée par le plus finaud des n.r.fiens. La poétesse, aussi politico-littérairement allégorique et glorieuse qu'ait pu la vouloir M. Thibaudet, à faire la navette du plus pesant utopiste à la plus réactionnaire des rossinantes, attelés de front au char de la République des professeurs, évoque forcément une autre chose ailée, la mouche du coche, mouche du coche d'eau, dirons-nous, puisqu'il s'agit du courant lamartinien. D'ailleurs, ne va-t-on pas, comme de coutume, nous offrir de remonter le Rhône jusqu'à La Mecque Paneuropéenne, jusqu'à l'écrin du petit bijou S.D.N.

D'une pierre, deux coups : les bords du Léman sont également chers à Mme de Noailles qui écrivit, à Amphion, ses premiers vers et à M. Thibaudet qui enseigne dans la ville de Calvin.

Or, s'il a suffi du passage de Rabindranath Tagore pour que le téléphone de notre poétesse devînt un fleuve d'amour, il y a tout à parier, qu'elle ne songe qu'à jouer la fée des eaux romantiques. Elle rêve de voir englouti le peu de solide qui nous reste. Alors, elle se rappellerait la colombe du déluge. Elle agrémenterait sa Légion d'honneur d'un rameau d'olivier. Herriot, Painlevé, Thibaudet battraient des mains, et au rythme de leurs applaudissements la République des professeurs n'aurait plus qu'à chanter le refrain de la célèbre chanson :

Si cette histoire vous amuse
Nous pourrons la la la recommencer.

Mais le courant lamartinien, de ses ondes aristocratiques et bourgeoises, ne saurait noyer le remous issu des profondeurs, les colères sismiques, l'émoi des lames de fond par-dessus quoi, il passait sans sourciller. S'il est parlé de poésie, une phrase est à citer, celle de Lautréamont qui avait bien quelque titre à s'exprimer sur la matière : « La poésie doit être faite par tous, non par un ». Commentant cette proposition, Paul Éluard d'écrire : « La poésie purifiera les hommes, tous les hommes, toutes les tours d'ivoire seront démolies, toutes les paroles seront sacrées, et, ayant enfin bouleversé la réalité, l'homme n'aura plus qu'à fermer les yeux pour que s'ouvrent les portes du merveilleux ».

Les tours d'ivoire, mais celles qui restent c'est du toc à renverser d'une chiquenaude, des tours façon ivoire, du carton-pâte en vérité, des cercueils pour squelettes de moustiques, des boîtes où ranger tout ce que le courant lamartinien nous a valu de lyres et de lyristes, lyromanes mysticards, officiels, démagogues, avec leurs très comiques auréoles de pâmoisons, paradis, catholiques, artificiels et libéraux, attitudes, prétentions à l'incompris, à la fatalité photogénique et archi-individualiste.

Cravates de commandeur, robes universitaires, uniformes académiques, tous ces oripeaux dont la troisième République n'a même pas le mérite de les avoir inventés, bien que, depuis belle lurette, les mites s'y soient mises, au conformisme de la majorité des intellectuels, ils n'ont cessé de signifier un ordre, dont, ces messieurs sont les serveurs. Une atmosphère de concours agricole, de distribution des prix, de réception sous la coupole, de funérailles nationales, voilà tout ce qui fait frémir les narines poétiques officielles de la République des professeurs.

Post-scriptum

Relevant leurs jupes de mensonge,
les grosses molles républiques
designent comme des puits de vérité,
au fond des forêts publiques
leurs trous à virginités,
puis disent : tiens prends mon pouvoir public.
Elles parlent à ceux dont le sang est poussière,
la verge, un tire-bouchon philanthropique
et les couilles, deux pauvres lampions
ramassés dans les poubelles du libéralisme,

un lendemain de quatorze juillet.
Le cerveau c'est couleur de sperme
et Jean-Jacques Rousseau déjà,
celui dont le cercueil genevois
devait servir de berceau à la Société des Nations,
à chaque masturbation,
annonçait, pour le bonheur des précieuses à fanfreluches,
les belles dont il était la coqueluche
« Mesdames venez voir couler une cervelle. »
Mais on a beau être conservateur, le foutre ne veut
pas se laisser mettre en bouteille,
tandis qu'un cerveau,
si on ne le porte que le Dimanche, jour de repos,
pour ne pas l'user trop vite,
la semaine, on le range sous le globe jumeau
de celui qui, entre deux candélabres,
pour le plus bel ornement des cheminées vertueuses
abrite la symbolique couronne de fleurs d'oranger.
Car la vieille pucelle
est digne de M. l'Intellectuel
puisque, si le pucelage vaut son pesant d'or
et vaut son pesant d'or aussi l'intellectualité,
sur le pont des pesants d'or
ne peuvent que se rencontrer
la vieille pucelle
et M. l'Intellectuel.
Et voilà comment toute grosse molle république
prend pour maquereau un pseudo philosophique.
Elle le donne en successeur à Dieu.
Or Dieu dit à Adam
« Tu travailleras à la sueur de ton front »,
et c'est l'abominable histoire du paradis perdu
qui se répète,
quand sont offertes
des petites écoles, en guise d'éden provisoire
tandis que M. l'Intellectuel réserve à sa jouissance
les fruits de l'arbre de la science.
Il veut qu'on apprenne, simplement,

René Crevel

à le vénérer lui et son caprice
et la boîte à malices
qui sert d'écrin à ses délices.
Homme des rues, homme aux poings durs
casse les vieilles garnitures
toutes les porcelaines des raffinements
écrase lobe par lobe
puis jette au fumier les cerveaux sous globe.
Arrache à toutes les marionnettes leurs nerfs pourris,
fais-en des cordes pour les violons de leurs si distinguées mélancolies
et souviens-toi que si M. l'Intellectuel
pense avec ses bretelles,
et le Monsieur de la psychologie
avec son parapluie,
le gracieux poète
avec ses tire-chaussettes
leurs compères
Messieurs les militaires
avec quoi pensent-ils donc
sinon
avec mitrailleuses et canons ?

De quelques formules protectrices

Que nous nous écartions des églises et de l'ombre dont elles lapident l'humanité, que nous parvenions à oublier la suffisance officielle et la grossièreté romaine ressuscitée à chaque édifice parlementaire, à peine aurons-nous fait trois pas que, déjà, nous aurons donné contre un de ces vieux panneaux, de ces panneaux-réclames, à l'ombre desquels, sur des terres d'on ne peut plus vaine pâture, dignes de leurs frères curaillons, broutent les clercs du pape qui se croit papillon Benda.

Dans le chiendent de l'impartialité, ils cherchent, non pas même des têtes, mais des pointes d'épingle analytique, dont leur myopie moutonnière aime à s'éblouir.

Alors, un petit coup de saute-mouton par-dessus ces pédantes et basses échines. Il suffit de quelque élan et d'une tête pas trop molle pour crever ces écrans-protecteurs…

Le Français né malin, constate un de nos plus célèbres on-dit, *inventa le vaudeville.*

Le même Français se plaît à répéter urbi et orbi que *la parole a été donnée à l'homme pour cacher sa pensée.*

C'est que ce petit né malin, derrière un cynisme de façade, cache, comme un jour me le fit remarquer Gertrude Stein, son horreur de l'intimité.[1] Les bouts-rimés, les farces, autant de masques. Il est d'usage de s'attendrir à la pensée des larmes qui se cachent derrière le rire. Pour nous, qui ne voulons nous laisser prendre à ces pièges primaires de la sensiblerie, contentons-nous de noter que tel ou tel, jouent-ils les familiers, la condescendance aristocratique de l'un, la bonhomie vulgaire de l'autre ne sont que les deux aspects d'un même esprit de méfiance et de défense.

Classe, classeurs, classements, classifications, tout, dans ce temps et dans ce lieu, révèle, au sens le plus photographique du mot, cette mentalité bourgeoise qui veut que soient habillés de boiseries néo-Louis XVI, les coffres-forts.

La main de fer dans le gant de velours : sous de pimpantes (?) vêtures, de l'acier, du blindage, des cloisons étanches. Concepts et idées reflètent, dans l'homme, le monde extérieur et son hypocrisie, elle-même, aussi bien ordonnée que la charité dont l'Église et sa fille aînée, jamais ne se lassent de répéter que, pour qu'elle soit vraiment bien ordonnée, elle doit commencer par soi-même.

Soi-même.

Nous y sommes revenus ou plutôt, nous n'avons pas cessé d'y être, nous y restons, chacun reste sur son quant-à-soi. La notion de personne, de par son caractère sacré, se trouve opposée à toute recherche qui lui serait dangereuse. Sont invoqués, à tour de rôle, le sens commun, la religion. Les opportunistes, de Vautel à Massis,

---

1 La rage confessionnelle, déchaînée depuis Rousseau et qui, à sa suite, décida ceux qui avaient ou n'avaient pas jeté leurs bonnets par-dessus les moulins, à ouvrir l'écluse – d'ailleurs bien souvent posthume – de ces moulins à eau, naturellement, puisque les voies urinaires sont aussi celles de la volupté, cette rage confessionnelle, si elle témoignait du besoin, de la volonté d'en sortir, ne fit qu'aggraver l'équivoque, puisque, l'homme, alors même qu'il ne se laissait pas entraîner par la vanité à farcir de contestable, ses mémoires du fait qu'il dosait, situait et cédait toujours à la tentation d'expliquer son aveu, gâchait, qu'il l'édulcorât ou l'assombrît, cet aveu.

René Crevel

jamais, ne se sont trouvés à court.

La liberté, la volonté, du moins telles que professeurs et curés les conçoivent, en enseignent la pratique à leurs élèves, à leurs ouailles, ne sont que moyens d'autocratisme. Au sortir de sa classe de philosophie, le premier freluquet venu opposera, continuera d'opposer, toute sa vie, le subjectif et l'objectif, ce qui lui permet de se reconnaître tabernacle de quelques principes éternels. Les autres, il les assimile aux choses, à ces choses qu'il a jugées *a priori* une fois pour toutes, d'essence inférieure et juste bonnes à être possédées.

De cela encore, nous avons la preuve dans une de ces métaphores, qui, fussent-elles du plus strict XVIIe, n'en trahissent pas moins leurs auteurs, et, avec ces auteurs, qui les admire.

Ainsi la France de Guizot (l'homme du poétique conseil : *enrichissez-vous*), celle du Poincaré dont la barbiche tabou d'une petite érection impérative sut mettre fin à la dégringolade du franc, la France de ceux-là et des autres, alors même que son légendaire bas de laine, peu à peu, se métamorphose en bas de soie artificielle, demeure assez économe de mots, images, sentiments et idées, pour continuer à ne vouloir reconnaître son poète (?) classique de l'amour en nul autre que Racine.

En effet, une nation dont la morale n'a cessé d'obéir au grand principe : *un sou est un sou*, comment n'aimerait-elle point à se rappeler qu'en un temps reconnu pour celui où s'exprima le mieux son génie, le peintre officiel des passions, admis à la cour du Grand Roi, dans la théorie des princesses, les unes, larmoyantes, les autres vindicatives, mais toutes uniformément chargées de falbalas, jamais ne reconnut par la bouche de leurs majestueux amants, que des objets de désir.

Amour divin et amour-propre

Des expressions de cette farine devenues monnaie courante, on s'imagine à la suite de quelles piètres pratiques l'amour a bien pu, dans l'idée que s'en font les hommes, se recroqueviller au point de prendre en béquille, de tels qualificatifs.

La rage possessive s'obstinait à voir, jusque dans la créature préférée une simple chose à prendre. Et certes, pour que les affirmations : *Tu es ma chose, je te possède* et les acquiescements : *Je suis ta chose, prends-moi,* fussent devenus des cris réflexes de la jouissance, il fallait bien que l'inégalité eût été, une fois pour toutes, admise entre et par les éléments du couple. D'où notion d'un amour esclavage, lequel, avec ce qu'il sous-entend de remords de la part du maître-abuseur, de ressentiment de la part de l'esclave-abusée, devient vite amour-enfer. Alors, à nous les formules incandescentes :

Brûlé de plus de feux que je n'en allumais.

Malgré le ton haute époque, cet alexandrin pyrogène n'en sent pas moins le cochon grillé.

La communion que les êtres, entre eux, se défendent, apparaît, à la lumière de leur désespoir délirant, une interdiction que seule, peut lever, et pour des fins surnaturelles, la vertu d'un sacrement.

Règne des Maintenon, et encore, ces rusées commères ne peuvent-elles, malgré leurs conformismes social et religieux, viser qu'à des mariages morganatiques. La veuve Scarron, objet à dignifier Louis XIV, comme Louis XIV était objet à dignifier Dieu, à travers ce couple, nous suivons la chaîne des asservissements.

L'idéalisme caméléonesque, sous ses diverses incarnations, décidait toujours chacun à se penser, à se conduire comme s'il était noumène parmi les phénomènes. Qui s'estime bloc imperméable, souverain, ne s'en désagrège pas moins, parmi le clapotis de reflets.

Impressionnisme aristocratique, sans rien de vivant, sous la peinturlure. Règne des petits-maîtres. Maîtres de quoi, au fait ? Maîtres de soi qu'ils disent, maîtres de soi, comme de l'univers, se plairont-ils à déclarer en langage cornélien, maîtres à peine, en vérité, d'un de ces détails, dont Engels constatait que, « pour les connaître, nous sommes obligés de les détacher de leur enchaînement naturel ou historique, de les analyser individuellement, les uns après les autres, dans leurs qualités, dans leurs causes et effets particuliers ».

Or *cette obligation de détacher*, l'opportuno-individualisme a eu tôt fait de la diviniser.

Qui, de l'ensemble originel, détache, pour l'étude, un élément, ne tardera point à juger cet élément (et comme de l'ensemble, l'homme commence par s'extraire lui-même on voit à qui va sa première adoration) doué de vie en soi, et ainsi, lui accordera la priorité, sans doute même, pouvoir absolu sur l'ensemble dont il est extrait. Ce qu'on offre, en fait d'idées générales, n'est donc le plus souvent que la dictature d'un détail, au gré de tel bon vouloir, à tel moment donné. Il n'y a pas de technicien qui n'ait vu dans la pointe de son minuscule savoir, le cap, dans sa personne, le phare de l'Humanité. Chacun fera son humeur juge en dernière instance. Selon l'état du foie, ce sera donc le je-m'en-foutisme épanoui ou le fanatisme qui offre, d'ailleurs, l'alternance de ses contraires, à tous les Clovis que le premier évêque venu sait persuader de brûler ce qu'ils ont adoré, d'adorer ce qu'ils ont brûlé.

Mais personne, jamais, ne manquera d'avoir bonne opinion de soi. Le plus banal considérera comme caractéristique sa banalité même. Nul ne risquera de se dire ce que Feuerbach constatait, de toute évidence : « Je suis un objet psychologique pour moi-même, mais un objet physiologique pour autrui. »

Engels a écrit : « La décomposition de la nature en ses parties intégrantes, la séparation des différents phénomènes et objets naturels en des catégories distinctes, l'étude intime des corps organiques dans la variété de leurs formes anatomiques, telles étaient les conditions essentielles des progrès gigantesques qui, dans les quatre derniers siècles, nous ont portés si avant dans la connaissance de la nature. Mais cette méthode nous a légué l'habitude d'étudier les objets et les phénomènes naturels dans leur isolement, en dehors des relations réciproques qui les relient en un grand tout, d'envisager les objets, non dans leur mouvement, mais dans leur repos, non comme essentiellement variables, mais comme essentiellement constants, non dans leur vie, mais dans leur mort. Et quand il arriva que, grâce à Bacon et à Locke, cette habitude de travail passa des sciences naturelles dans la philosophie, elle produisit l'étroitesse spécifique des siècles derniers, la méthode métaphysique. »

Étroitesse spécifique aussi de ce siècle, méthode métaphysique encore souveraine de par le monde capitaliste, où les puissants savent *qu'il faut diviser pour régner*. N'est-ce point d'ailleurs afin de se posséder que l'homme se divise en corps et esprit,[1] puis, divise

---

1 Il se pourrait que fût, un jour, reconnue, à l'unanimité, comme n'ayant été qu'une hypothèse provisoire et contre-prouvée (et qui n'aurait eu de raison que le meilleur exercice, pour un temps donné, de certains moyens d'investigation) la

son esprit en des catégories dont chacune, à tour de rôle, prend, contre les autres, un pouvoir dictatorial, alors qu'elles ne peuvent effectivement, rien l'une sans l'autre. La raison a trahi l'esprit, et, l'a trahi jusqu'au jour où l'esprit, pour ne point sacrifier son tout à une de ses parties, se déclara, lui-même, contre la raison.

Dans le premier manifeste du surréalisme Breton, dès 1924, avait constaté : « Le rationalisme absolu qui reste de mode ne permet de considérer que les faits relevant étroitement de notre expérience. Les fins logiques, par contre, nous échappent. Inutile d'ajouter que l'expérience même s'est vu assigner des limites. Sous prétexte de progrès, on est parvenu à bannir de l'esprit tout ce qui peut se taxer, à tort ou à raison, de chimère. C'est par le plus grand des hasards, en apparence, qu'a été récemment rendue une partie du monde intellectuel et de beaucoup la plus importante, dont on affectait de ne plus se soucier. Il faut rendre grâce aux découvertes de Freud. Sur la foi de ces découvertes, un courant d'opinion se dessine, à la faveur duquel l'explorateur humain pourra pousser ses investigations. »

Ici, Breton se rencontre avec Hegel, pour qui « ce n'est pas la faute de l'intellect si on ne va pas plus loin. C'est une subjective impuissance de la raison qui laisse cette détermination en cet état ».

Subjective impuissance dont le subjectivisme, à forme classique ou romantique, trouve encore moyen de se réjouir. L'être s'identifie à la pensée et dans sa pensée voit, avant tout, sa raison d'être. Le *Je pense donc je suis* fut la clé de voûte de toutes les architectures dans le vide. La République , selon M. Thibaudet a trois visages. De même, réalisme, individualisme, idéalisme étaient les trois têtes de l'auto-amour, de l'amour-propre, qu'ils disent, comme si l'autre, le vrai, l'unique, était sale.

Le sac à facultés

Donc, chacun de se monter en épingle, soi et les poussières de

---

distinction que des millénaires auront cru fondamentale, entre le monde matériel et le monde spirituel, ce qui ne voudrait pas dire que les idolâtres matiéristes aient chance alors de trouver, noyau de la chair, cette âme qu'un chirurgien se vantait de n'avoir pas rencontrée sous son scalpel ni que telle superstition risque de faire repousser le bras d'un Lourdeux manchot.

René Crevel

choses, d'idées qu'il a balayées de leur contexte vivant, pour se les approprier et ne les estimer qu'en fonction de l'obéissance qu'elles mettront à devenir siennes.

Sanctification de la propriété…

Nul espoir de synthèse.

Entassement de spécialisations qui rappelle la métaphore des harengs dans la boîte à sardines.

Après avoir opposé l'homme au tout dont elle l'a extrait pour son plus grand orgueil, contre l'homme lui-même, la manie analytique va s'exercer. Hegel, en son temps, avait déjà ridiculisé cette manière de ne voir dans l'esprit *qu'un sac à facultés*. Mais l'ample sagesse de la dialectique n'a pas eu raison des mesquineries diviseuses. La personne à soi condamnée, étanche aux autres, n'a même pas la compensation de se sentir bloc. En elle, tout se fractionne, se démonte, mais ses pièces détachées collent, adhèrent à l'instrument, à la méthode qui les ont détachées les unes des autres. Elles en viennent à faire corps avec les râpes métaphysiques, les vilebrequins de l'analyse.

La reine d'Angleterre n'avala-t-elle pas son parapluie, afin d'avoir la certitude qu'elle apparaîtrait toujours incroyablement droite, donc majestueuse aux yeux de ses sujets ? Chaque partie du tout mental a trouvé sa place dans le carnaval des mythologies les plus hybrides, les plus monstrueuses.

Et pas l'ombre de ces prétextes, symboles ou, au moins, à la rigueur, excuses de rapidité à la course, copieuses virilités, dont eurent, au temps païen, l'élémentaire politesse de se mettre en quête, sirènes, centaures et faunes. Les poissons-scies de l'intelligence grincent tout leur saoul et détaillent n'importe quoi sur leur chemin.

Que tel individu naisse doué d'un mode d'expression déterminé, tout va conspirer à le vouer à ce mode d'expression, donc à le limiter sans droit de les outrepasser à des recherches purement formelles. Et cela, encore, au cas où il serait un extrémiste et voudrait apporter du nouveau, dans le petit carré assigné à son auto-culture.

Ainsi, certaines superstitions familiales vouent les enfants au bleu et au blanc. Ces enfants qui n'ont droit, en fait de couleurs, qu'à celles de la Vierge Marie, peuvent, sans abus de confiance métaphorique, signifier tout ce qu'il entre de restrictif dans l'idée

Le sac à facultés

de vocation, puisqu'elle est non la chance d'aller à quelque point de nouvelles vues, par un chemin modeste, mais l'interdiction de regarder hors de ce chemin, qui, d'ailleurs, se termine toujours en cul-de-sac.

On a beau se prétendre explorateur, on ne s'en cogne pas moins à des théories de mort, d'une mort hypocritement maquillée aux couleurs de la vie, et dont la sagesse est vantée, comme si un cadavre pouvait avoir quelque mérite à ne point gambiller.

Au bout du compte, on en vient à voir dans les sens, non plus un éclairage à très variées et concordantes lumières, mais une marqueterie d'entités, dont, un point plus éclatant rendrait négligeables les autres, tant et si bien que les yeux d'un peintre mis sur un plat demeureraient toujours les yeux de ce peintre, et, de même, l'oreille d'un musicien, pavillon et arrière-boutique détachés de la tête et rangés dans un écrin ouaté.

À titre d'exemple

Né au temps des corsets (il n'est pas de poèmes qui m'ait ému comme celui-ci de Breton : *Corset mystère, ô mes belles maîtresses*) j'avais une mère qui n'en portait point.

Bien que, dans sa manière d'être et de faire, tout me parût aller à l'encontre du juste, je me sentais solidaire de sa tournure et de ses actes. En cela, d'ailleurs rien de quoi surprendre, puisque chacun sait que le fil au nombril le plus ténu résiste mieux que le fil à la patte, le plus solide.

Donc, tandis que le néo-Louis XV sévissait, de toute sa folie, dans la chaussure, ma mère portait des souliers plats. Par l'excès de leur honnêteté, ses bas imposaient le désir de leurs consolants contraires, les dentelles d'abord noires et collantes, puis blanches et mousseuses, dont les gommeuses s'embellissaient de l'orteil à la cuisse. Sa lingerie, à peine festonnée, injuriait les froufrous, mais les autres femmes se vengeaient à coups de robes aussi doucement collantes que peau d'anguilles. Ô dame de chez Maxim's arrosée de patchouli, empanachée, les nichons horizontaux, pourquoi étais-je le petit d'une femme dont les guimpes, les manches ne faisaient jamais grâce à la nuque, la gorge, les coudes, les poignets.

René Crevel

À des platées de lentilles, de haricots, de pois cassés je comparais les étoffes anglaises dont elle me grattait les mollets. Et d'ailleurs, comment aurais-je pu être tenté de m'asseoir sur les genoux d'une femme qui, elle-même, n'avait recours aux chaises que pour donner un double spécimen de l'angle droit. Aussi, lui préférais-je, parce que mieux complaisant à mes nostalgies pré-natales, un fauteuil de velours rouge. Sans nul vivant giron rococo, soutaché, satiné où me nicher, je n'osais, tout de même, point, parmi les passantes, chercher une, *la* créature à honorer d'un culte total. Ma chair eût voulu rendre hommage à la chair dont elle était issue. Mais rien à faire. Donc, pour ne point trahir pleinement celle à qui eût dû aller toute mon adoration, dans chacune des femmes, je ne cherchais pas plus d'un prétexte, d'une occasion à s'émouvoir. Ainsi, devenais-je un petit analytique aussi malheureux, aussi grognon que les analytiques adultes. La joie entière de m'écraser le nez contre un corsage mystérieux, de caresser un velours, longtemps, je continuai à ne vouloir m'en saouler qu'à l'ombre de celle qui, justement, ne pouvait me l'offrir, puisque ces corsages n'étaient de mystère, ni de velours, ses jupes.

Ce dilemme avait déjà exaspéré mes six ans, quand on décida de me donner une maîtresse de piano. Le mot maîtresse me plongeait dans le ravissement, depuis certaine phrase de mon père où il m'était apparu lourd de bonheurs sous-entendus. Le piano jouait un rôle restrictif qui ne me plaisait guère, et d'autant moins que notre piano était un piano crapaud, un piano eunuque, un piano sans queue, dont ma mère qui passait de longues heures en sa compagnie, n'avait certes pas à craindre qu'il la violât.

Ma maîtresse de piano avait un chapeau à plumes on ne peut plus amazone, et, l'enlevait-elle, c'était pour révéler une architecture de boucles oxygénées dont elle couronnait son visage très maquillé. Elle regardait l'heure à un bracelet-montre extensible (objet alors fort rare), et, très volontiers pour ma grande joie (à nous le symbolisme sexuel) sa main allait et venait à travers ce cercle complaisant. Comme je me plaisais à imaginer la peau que les autres se plaisaient à cacher, mon adoration ne connut plus de bornes, le jour qu'elle vint, pour la leçon, vêtue d'une robe dont la transparence révélait un fourreau de couleur chair. Du coup, je décidai qu'elle se promenait nue sous des voiles et résolus de

À titre d'exemple

devenir un grand musicien en son honneur, en l'honneur d'elle qui était la musique elle-même c'est-à-dire un mélange de pleureuses, bijoux, inquiétants, accords, arpèges, triolets, pédales appuyées, toutes choses qui me vengeaient de leurs contraires, en ma mère incarnés.

Je m'appliquai, fis de gigantesques progrès, et peut-être, serais-je devenu une sorte de Paderewsky, si l'imprudente n'avait répondu à ma famille qui la félicitait : mais ce petit est une oreille...

Une oreille ; était-ce donc de ma seule oreille que je l'adorais, moi qui rêvais d'un monde baigné dans la lumière de son satin chair. Une oreille, parce que je ne voulais pas être une simple oreille, je renonçai à mon oreille. J'oubliai, d'un coup, les notes, le doigté, le morceau que je savais par cœur. Après six ans, j'en sus moins qu'au bout de trois semaines. Ainsi, la spécialisation ampute et ampute de cela même, au nom, au profit de quoi elle prétend amputer.

Après l'humanisme, le réalisme

Sans prise, sans action sur l'univers, l'analysto-métaphysicien, dans le détail, qui lui semble un peu moins menaçant, un peu moins incompréhensible, se creusera une petite cachemite d'où il se réjouira, et d'autant mieux, qu'il verra, imaginera les autres errant à l'aventure.

C'est le *suave mari magno* de Lucrèce qui, du rivage, aime à contempler les naufrages en plein océan.

Rocher païen ou Église catholique, les lieux d'asile et de salut, vus de la mer ou de la rue, défient ceux que la mauvaise fortune, le désir d'aller plus loin, condamnèrent à chercher gouttes et brindilles de soi-même, écumes et bribes de sensations, vapeur et paillettes d'idées. Le petit nombre exploiteur ne comprend pas que la fatigue, la misère, le désespoir du plus grand nombre exploité sont autant de termites dans leurs privilèges. C'est à croire que tous ces détails amoncelés doivent, seulement, servir à masquer, de leur ombre, la loi d'universelle réciprocité. Les intellectuels, pour ne point effrayer la société capitaliste, n'ont qu'à faire semblant de se perdre dans le labyrinthe des ergoteries causales. À ceux qui les auront suivis, et, soudain, peut-être, s'inquiéteraient de tous ces détours, ils auront toujours la ressource d'offrir, comme mot de passe, l'humanisme. Pour signifier leur neutralité bienveillante (bienveillante à qui, au fait ?), ils ont revêtu des manteaux couleur de murailles et se confondent ainsi avec tous ces pignons restrictifs, autour de quoi, ils rôdent.

On ne saurait les comparer qu'aux seuls insectes dont la prudence mimétique leur vaut de s'identifier au milieu.

Ne point tenter d'agir sur le monde extérieur, l'accepter tel qu'il est, soi-même, accepter de devenir tel qu'il est, par hypocrisie, opportunisme, lâcheté, se camoufler aux couleurs de l'ambiance, ça c'est du Réalisme.

Aussi, parallèlement à la béatification dont elle a récompensé Térence, l'Église d'un petit réaliste a-t-elle fait un grand saint. Je parle de Thomas d'Aquin.

Le Réalisme asservi à l'apparence momentanée, voilà le revers de la médaille, le prix dont se paie l'idéalisme.

Pour la réalité dont leur réalisme rageur veut imposer la notion, le culte, les pères et les fils de l'Église ne contredisent-ils point leurs autres affirmations, quant au spirituel, dont ils n'ont de cesse qu'ils n'en aient affirmé la primauté.

Primauté du spirituel, écrit Jacques Maritain.

Les privilégiés du monde capitaliste, consciemment ou non, – mais qu'importe, ici, le degré de leur clairvoyance, de leur sincérité ? cherchent des arguments, des prétextes pour ne point renoncer aux avantages d'une idolâtrie, dont ils estiment qu'elle prouve en même temps que leur foi, leur bonne foi, et, de ce fait, doit leur permettre de frustrer la masse de son devenir.

Pratiquement, ils exigent de toute vie qu'elle se laisse étioler là, en un point fixe du temps, de ce temps que les dernières royautés parlementaires et républiques conservatrices rêvent d'arrêter, à leur profit, comme un soleil de la bible.

Le surréalisme

Afin de situer historiquement le surréalisme, il importe de constater que ce mouvement (avant même qu'il n'ait pris place dans le cadre vivant du matérialisme dialectique[1]) avait déjà gratifié d'une jolie petite pluie de charbons ardents, le bazar de la Réalité capitaliste et cléricale, de cette Réalité que prétendait nous imposer, à jamais, le réalisme à forme agressivement bondieusarde ou laïque, du scepticisme passif à la fanfaronnade conformiste.

Le bazar de la Réalité avait bien les mêmes titres à l'incendie que celui de la Charité, son jumeau en hypocrisie où voici plusieurs lustres, périt la fine fleur de l'aristocratie. Il aura donc eu, comme ce dernier, ses profiteurs, ses victimes et aussi ses héros. Fils et filles soumises aux plus grossiers et actuels de leurs intérêts, vestaux et vestales d'un culte, hors des limites duquel, ils se sentiraient perdus, moins que morts, ils voudraient croire encore que, de tous les décombres, va renaître un temple Phœnix.

Ils se brûlent les doigts, se rôtissent ce qu'ils ont de plus doux en fait de petite peau douce. Qu'importe. Ils font leur purgatoire sur terre. Avec l'espoir de sauver et leurs âmes et la classique, bornée, imperméable, pétrifiée, notion de personne, sans laquelle, ils ne sauraient vivre.

De l'obscurantisme, est né, a vécu, continue de vivre l'idée de Dieu. Or, Dieu, tant qu'il n'aura pas été chassé comme une bête puante de l'Univers, ne cessera de donner à désespérer de tout, et d'abord de la connaissance, la connaissance appliquée, la Révolution qui, seule, peut chasser Dieu. Dans ces constatations, les douteurs professionnels verraient autant de têtes de dilemme. Mais qu'importe, l'hydre scolastique. Comme l'a écrit Lénine, ce n'est point à coups de syllogismes qu'on finira de venir à bout de l'idéalisme. D'immenses étendues sont aujourd'hui, purifiées de Dieu. L'U.R.S.S. vigoureusement athée, voici trois lustres, était encore la Russie des pogromes, la Sainte-Russie orthodoxe et tsariste, digne alliée de cette belle France, où sous le couvert d'une feinte séparation, l'Église et l'État, mieux que jamais sont de connivence pour organiser, à coups de sabre et de goupillon, avec l'art militaire, civil et religieux que l'on sait, la répression policière dans la métropole, et aux colonies, des jolis petits massacres d'Indo-Chinois et des expéditions punitives çà et là.

---

1 Victor Crastre a constaté : « Curieuse rencontre. Une idée hégélienne commande l'accord des surréalistes et des marxistes, du marxisme, tout au moins Hegel qui fut le maître de Marx est aussi celui des surréalistes. »

René Crevel

Les missionnaires (se rappeler le pavillon des missions à l'Exposition coloniale et les femmes-curés qui, dans les cases, faisaient travailler les négresses, sous l'œil ravi des badauds) ont pour mission d'exhorter les persécutés à continuer de se laisser persécuter. Aussi, ministres de Dieu sur la terre, travaillent-ils à mettre dans les esprits l'espoir d'un monde meilleur.

Les prétentions à l'objectivité de tant d'intellectuels, les soi-disant neutralités littéraire, poétique, philosophique et autres ne sont, au bout du compte, que de sournoises mais solides alliances entre qui fait profession de penser et un état des faits, qui, justement, donne à penser, que la pensée devrait commencer par renoncer aux habitudes de petit confort et d'assoupissement, qui, lui ont permis de tolérer l'intolérable.

Le surréalisme, par le truchement de telle ou telle œuvre individuelle et encore et surtout, par son activité collective, ses enquêtes sur le suicide, la sexualité, l'amour, par ses très justes injures à la France lors de la guerre du Maroc, par ses tracts à l'occasion de l'Exposition coloniale, de l'incendie des couvents par les révolutionnaires espagnols, le surréalisme a mis les pieds dans le plat de l'opportunisme contemporain, lequel plat n'était, d'ailleurs, comme chacun sait, qu'une vulgaire assiette au beurre.

Le surréalisme s'est attaqué, s'attaquera aux problèmes qui ne sont éternels que par la peur qu'ils n'ont cessé d'inspirer à l'homme. Ses propres faits et gestes et œuvres ne l'ont pas arrêté en chemin, ou plutôt, ceux d'entre les surréalistes que l'ambition, la sottise, le narcissisme ramenèrent aux bords des marais complaisants, de ce fait, redevinrent des littérateurs, à l'image de tous les littérateurs, c'est-à-dire occupés à chercher, dans les premières flaques venues, les reflets morts de leurs piètres personnes, au lieu d'accepter de laisser jouer, à la surface et au fond d'eux-mêmes le monde, ses lumières, sa vie.

C'est d'ailleurs par une attaque contre tout ce que la théorie de l'art pour l'art avait déifié, à propos de choses écrites et peintes, que Dada, précurseur du surréalisme, avait commencé le travail de théoclastie.

Extraire des abîmes ce que l'homme avait sacré *trésors,* justement, parce que la masse d'ignorance, d'oubli, de refus qu'il avait mis

Le surréalisme

entre sa conscience et ses soi-disant trésors, lui permettait, seule, de les considérer comme tels ; amener au monde des phénomènes par les moyens qui lui étaient propres (sommeil, transcription de rêves, écriture automatique, simulations de délires nettement caractérisés) ce que, sous les épaisseurs dont elle l'avait enveloppé, chaque créature considérait comme son noyau nouménal ; remuer l'inconscient, jusqu'alors taupinière où les désirs de l'homme se recroquevillaient, s'estropiaient dans la crainte des avalanches homicides ; dans la terre qui semblait condamnée à l'éboulis, tracer de larges routes claires, lumineuses ; livrer à la circulation tout ce qui était zone interdite ; désigner de nouvelles voies de communication aux esprits qui voulant faire bon visage à mauvais sort, s'efforçaient de tirer parti, orgueil d'un isolement dont ils feignaient de prendre la stupide misère pour une pathétique magnificence ; ces points de vue étaient aussi des points de rencontre avec Marx et Engels, pour qui la chose en soi, au lieu de rester l'insaisissable de la philosophie kantienne, le tabou des derniers retranchements métaphysiques devait, au contraire, se métamorphoser en chose pour les autres.

Ainsi, de l'humain desséché, le surréalisme ressuscitait l'homme. L'homme qui ne peut se sentir vivant que dans un monde vivant.

Dans le premier manifeste du surréalisme, Breton avait écrit :

« Si les profondeurs de notre esprit recèlent d'étranges forces capables d'augmenter celles de la surface et de lutter victorieusement contre elles, il y a tout intérêt à les capter d'abord, pour les soumettre ensuite au contrôle de la raison. »

Cette volonté de ne point se laisser perdre les forces, n'était-ce point elle qui faisait écrire à Marx, dans sa *Deuxième thèse sur Feuerbach* :

« La question de savoir si la pensée humaine est objectivement vraie est une question pratique et non théorique. C'est dans la pratique que l'homme doit démontrer la véracité c'est-à-dire la réalité, la puissance, l'en-deçà de sa pensée. Toute discussion sur la réalité ou l'irréalité de la pensée est purement scolastique. »

René Crevel

Dieu et ses murs

Pas une école, mais un mouvement, ni musée, ni anthologie, mais, au contraire, dès sa première phrase, courant d'air qui balaie les musées, éparpille les anthologies, le surréalisme qui entendait ne sacrifier ni le rêve à l'action, ni l'action au rêve, a, d'essence dialectique, travaillé à leur synthèse.

Bouquet de forces et d'idées, les plus et les mieux subversives, s'il a commencé par crever les trop faciles écrans des neutralités poétiques et intellectuelles, il ne va pas s'arrêter en chemin. Il s'attaque aux murs, à tous les murs, et qu'on m'entende, les au propre et au figuré, murs de pierres idéales, d'idées pétrifiées, obstacles à la marche de l'homme, contraintes à son corps, outrages à son regard, défis à sa pensée.

Les murs, mais ceux des casernes, des prisons, des Églises n'osent-ils point porter, en toutes lettres, les trois admirables mots que tant d'injustices faites monuments, semblent avoir voulu rendre à jamais dérisoires : *Liberté, Égalité, Fraternité.*

Il est donc de bonne tradition que le ciel, ce couvercle souillé par tant d'infâmes symboles divins, prête ses étoiles à M. Citroën pour qu'il les accroche à la tour Eiffel, ainsi métamorphosée en suppositoire à publicité. Joli spectacle pour distraire les nuits des sans-abri. Le pain et les jeux, on connaît le programme du grossier et sinistre empire romain au temps de sa décadence. Des croûtons et Dieu (*cf.* le reportage de S. Georges dans *L'Humanité*, déc. 1931) voilà ce que de nos jours une dérisoire charité d'inspiration religieuse, offre aux chômeurs. Chaque miette se paie d'un cantique, et cela, au nom de Dieu, « ce complexe d'idées nées de l'assujettissement de l'homme à la nature affermissant cette oppression, assoupissant la lutte de classes » (Lénine).

Et ici, sans nous perdre dans des subtilités, constatons que le monde n'est devenu une telle cochonnerie que parce qu'il a été si bien, si totalement, empli de Dieu. Mais laissons la parole à André Breton :

« Parler de Dieu, penser à Dieu, c'est à tous égards, donner sa mesure. Et quand je dis cela, il est bien certain que cette idée, je ne la fais pas mienne, même pour la combattre. J'ai toujours parié contre Dieu et le peu que j'ai gagné au monde n'est, pour moi, que le résultat de ce pari, si dérisoire qu'en ait été l'enjeu (ma vie). J'ai conscience d'avoir pleinement gagné. Tout ce qu'il y a de chancelant, de louche, d'infâme, de souillant, de grotesque passe, pour moi, dans ce seul mot de Dieu. Dieu, chacun a vu un papillon, une grappe de raisin, une de ces écailles de fer-blanc, en forme de rectangle curviligne, comme les chaos des rues mal pavées en font tomber, le soir, de certains camions et qui ressemblent à des hosties retournées, retournées contre elles-mêmes. Il a vu aussi des ovales de Braque et des pages comme celles que j'écris et qui ne sont damnantes, ni pour lui, ni pour moi on peut en être sûr.

« Quelqu'un se proposait dernièrement de décrire Dieu comme un arbre, et moi, une fois de plus, je voyais la chenille, je ne voyais pas l'arbre. Je passais, sans rien apercevoir, entre les racines de l'arbre comme sur une route des environs de Ceylan. Du reste on ne décrit pas l'informe, on décrit un porc et c'est tout. Dieu qu'on ne décrit pas est un porc. »

Or ce porc, on l'a, il ne se pouvait mieux, logé.

Aujourd'hui, ceux qui ne veulent plus de la bête demandent pitié pour l'étable, pour les trésors dont on l'a meublée. Mais, conserver les témoins d'une servitude, c'est encore se complaire au souvenir de cette servitude, donc, fatalement y retomber. Les appels du libéralisme au sentiment du pittoresque, les pétitions en faveur des monuments historiques, les lois pour la conservation desdits monuments – pour la conservation tout court, sans plus, faudrait-il dire – on sait ce qui se cache sous ces précautions oratoires, et, comment, dans la tanière préservée, reviendront rôder « ces êtres en dehors du temps et de l'espace créés par les clergés et nourris par l'imagination des foules ignorantes et opprimées », dont, Engels déclare qu'ils ne sont que « les produits d'une fantaisie maladive, les subterfuges de l'idéalisme philosophique, les mauvais produits d'un mauvais régime social ».

Ce sont d'ailleurs les privilégiés, les maîtres du mauvais régime social qui sollicitent, invoquent le goût de l'antiquaille. Ces messieurs veulent que soit considéré de sang-froid ce qu'un sang, tant soit peu chaud ne saurait se rappeler sans flamber.

Au reste, le désir de l'homme de replonger dans son passé, dans du passé indéfini, ne peut naître que de cette obsession de la mort à quoi ont su le contraindre les Églises, et surtout la catholique, en lui escamotant son devenir (le sien propre et celui de son espèce) pour le sempiternel rappel de son périr.

Homme pitoyable, homme entre les murs, toi dont l'enfance, par peur de la nuit, de l'inconnu, se cachait sous les draps, il y a de tels fouillis, entassements, juxtapositions autour de toi, que tu cognes, t'endoloris dans les mesquines venelles laissées à tes désirs.

Mais, parce que, depuis Pascal, les petits analytiques, dans leurs tortures, toujours invoquent l'esprit de finesse, tu te réjouis des impasses, au fond desquelles, les intelligences courbées en deux, en quatre, en douze, en mille (mais à quoi bon des chiffres, leurs contorsions sont infinies) se crachotent morceau par morceau. L'asthme de Proust quel symbole !

Du pittoresque et des bordels

Le pittoresque humain, entendez les misères, les plaies de l'humanité.

La tranche de vie, son sang dégouline aux commissures des lèvres de qui s'en repaît. Il y a du cannibalisme dans les moindres curiosités. Études de mœurs et de paysages. Êtres et sites. On monte aux quartiers réservés. Réservés à qui, réservés à quoi ? Le sol n'est pas trop propre, mais à l'hôtel, il y a un portier pour cirer les souliers des touristes. Ce coin de ciel bleu, cette loque rouge à une fenêtre : parfait échantillonnage. Et ces foulards d'un rose mourant que ressuscite l'opale énergique d'un pastis. Ravissantes lumières et ce piano mécanique et ces danses à petits pas. Les bouges, les voyous, les putains ont fait florès, littérairement parlant, s'entend. Les Goncourt l'avaient prévu. *La fille Elisa*, son velours noir autour du cou, ses cheveux en casque, c'était, déjà, de *l'écriture artiste*. Écriture artiste, excuse à l'analphabétisme foncier, indécrottable de tous ces promeneurs si bien portants, vêtus, nourris, venus en caravanes, se réjouir des ruelles croupissantes et des haillons de leurs habitants. De misérables bicoques entassées sur des collines, voilà bien de quoi se réjouir, inspirer les pinceaux des vieilles anglo-saxonnes. Quant à ceux qui savent suivre le fil de leurs désirs, dans ces labyrinthes, ils finissent toujours par arriver là où il y a de la viande à acheter, à consommer.

Les belles dames philosophicardes qui restent à l'hôtel, pendant ce temps-là, bien sûr qu'elles s'énervent. Elles ont pu se croire toutes les cartes maîtresses en main. L'atout, hélas, n'était point cœur. Le cœur (à quand la psychanalyse des jeux ?) ne sort quasi jamais.

À moins d'être barrées comme des Récamier, le moyen de supporter les contraintes qui les désexuent, puisque les abominables hypocrisies de l'adultère n'ont même pas, d'elles, fait les égales de leurs amants rôdeurs. Pour ces messieurs à qui la tradition bourgeoise a, dès avant la puberté, appris à différencier l'amour qu'on éprouve de celui qu'on fait, leur sort n'est guère plus enviable.

L'hermaphrodite, c'est-à-dire le plus homme des hommes et la plus femme des femmes, Hermès et Aphrodite, ces deux personnes en une seule confondue, unité même de l'amour selon la statuaire grecque, aujourd'hui est donné, non comme une synthèse de deux créatures, mais le dédoublement analytique et morbide d'une seule. L'hermaphroditisme psychologique (compatible avec une physiologie et des goûts normaux) décide le mâle amoureux de sa propre et seule virilité à en faire, au moins, deux parts, la première pour celle à qui va son désir, la seconde, pour les rencontres.

Or, celui-là, tôt ou tard, sera victime de ce mauvais calcul, de cette niaiserie arithmétique, d'après quoi, un seul, dissocié en ses contraires, vaudrait, du fait même de son dualisme non surmonté, beaucoup plus et beaucoup mieux que deux synthèses de contraires, ces deux synthèses, elles-mêmes en une seule confondues.

Mais la suffisance masculine veut des putains à foutre et des petites, moyennes et grandes cérébrales à respecter ou à moquer, selon les cas.

Revers de la médaille : Baudelaire, le jour qu'il veut pénétrer son Egérie officielle, Mme Sabatier, la présidente (qu'on l'appelait) n'arrive à rien. La présidente faisait partie du système spirituel et non du système physique. Et pas moyen de passer d'une cosmogonie à l'autre.

Bonne fille ou ambitieuse, même avec le feu au derrière, elle ne tint pas rigueur au poète de son impuissance. Quant à lui, on imagine qu'il ne dut pas sortir trop satisfait de chez la dame bas-bleu. Mais encore, savait-il où aller, chez Jeanne Duval, sa maîtresse, sa concubine. Là, au moins, était-il sûr de se sentir supérieur à la femme, *sa* femme et de pouvoir jouer son rôle de mâle.

Et quel bonheur pour quelqu'un qui aime à faire sa prière, comme il l'avoue dans *Mon cœur mis à nu*, que de prévoir les critiques mielleux qui, sans oublier de le blâmer, pour la forme, le plaindront de cette liaison avec une fille, dont il était sûr de l'infériorité, à priori et plutôt deux fois qu'une, puisque la société ne saurait avoir le caprice de bien considérer une putain (et de une) de couleur (et de deux).

Ainsi, le poète s'envoie à soi-même une de ces épreuves que l'unanimité juge don de la Providence , à qui se doit, par vocation, de souffrir jusqu'au lyrisme.

Charme inattendu d'un bijou rose et noir. Baudelaire aime la chair foncée, aux touchants replis de Jeanne Duval. Que l'autre, la cérébrale, Mme Sabatier, se contente d'un amour éthéré et pense qu'elle a la meilleure part. Ce petit jeu n'est pas le *qui perd gagne*, mais le *qui gagne, perd*. Baudelaire de l'éprouver le premier, qui, tout mépris pour celle avec qui il n'est pas impuissant, toute impuissance pour celle avec qui il n'est pas mépris, fige en moitiés ennemies, destructrices l'une de l'autre, son amour.

La plus belle rencontre ne saurait être qu'une défense faite marbre :

Je suis belle ô mortels comme un rêve de pierre
Et mon sein où chacun s'est meurtri tour à tour
Est fait pour inspirer au poète un amour
Eternel et muet ainsi que la matière.

La matière muette et éternelle (éternelle, ici, voulant dire immuable). Rien que du minéral sans souffle de vie[1] contre quoi, se cogner la tête. Une source pétrifiante offerte au désespoir humain. D'un monde où l'idéalisme a chassé tout principe vivant,

---

1 Le mot latin *anima* signifiait *souffle de vie*. Les chrétiens, qui accommodaient les langues pour une cuisine de leur façon, l'ont traduit par *âme*, comme si le fait de respirer, déjà, était un miracle dont il fallût remercier Dieu.

la créature n'a guère à se réjouir. N'a-t-on point voulu, par ailleurs, lui persuader qu'il n'y a de vertu que dans le négatif (renoncement – résignation – chasteté – pardon des offensés). Cette paralysie générale, voilà bien ce que Breton entend ne plus tolérer, quand il écrit, à la fin concluante de *Nadja* : *La beauté sera convulsive ou ne sera pas.*

Beauté convulsive que le surréalisme a cherché dans les zones jusqu'à lui interdites et, auxquelles, certes, il n'aurait pu atteindre, s'il n'était parti du postulat : *Le salut n'est nulle part,* ce qui ne signifiait pas que la damnation fût partout. Bien au contraire, ni salut, ni damnation (au sens individualiste, religieux de ces mots, s'entend), ne sont nulle part. Ainsi, le surréalisme, dès sa naissance, par cette dialectique *négative* (comme il ne pouvait en être autrement à la suite de Dada) s'opposait au romantisme si bêtement unilatéral dans son exploitation du genre maudit, de l'antithèse par bravade, antithèse sans queue ni tête, puisque sans thèse, donc sans le moindre espoir de synthèse.

Il avait fallu la mauvaise foi et l'ignorance des critiques pour vouloir freiner, par un passé grinçant de littérature, ce mouvement, dont, le seul précurseur à lui reconnaître fut Dada, quand, au lendemain de la guerre, Tristan Tzara, auteur de M. *Aa l'anti philosophe,* fût venu de Zurich à Paris. C'est alors que la revue *Littérature,* ainsi nommée par antiphrase entreprit l'enquête : *Pourquoi écrivez-vous ?*

De négative, la dialectique devient positive, objective. Le surréalisme élabore la synthèse du conscient et de l'inconscient, dont, la culture bourgeoise, à travers ses alternatives classique et romantique, s'était uniformément plu à marquer, exagérer les antagonistes. Du point de vue religieux, ce conflit trouvait sa traduction dans le divorce de la chair et de l'esprit, thème à variations pathétiques, utilisé encore par les romanciers à succès.

L'âme et la peau : d'une part l'Église où l'on prie, le salon où l'on cause, et d'autre part, le bordel où l'on baise, bordel à domicile pour Baudelaire, avec sa négresse, cette négresse elle-même, croix du poète, croix d'ébène, croix à porter[1] de même que, pour les Croisés,

---

1 La vieille image de la croix à porter a fait son chemin. Puisse-t-elle avoir aussi fait son temps et n'être reprise qu'à seule fin de prouver comment et combien, jusque dans ses escroqueries les mieux combinées, l'homme religieux, malgré

les dames turques furent le bordel sur le tombeau du Christ, ce qui valait bien le poilu inconnu sous l'arc de triomphe.

Or, voici que, malgré les bobards dostoïevskiens sur la résurrection des filles perdues, déjà, la condescendance, la politesse fabriquée et même un goût un peu particulier pour les putains, nous semblent autant d'hypocrisies qui sanctionnent l'ordre établi, car il ne s'agit ni de pitié, ni de l'hommage qui pourrait bien représenter, à l'égard d'une créature socialement déchue, un bel envoi de sperme, mais de la très élémentaire justice – ici simple oubli des injustices codifiées – qui devrait permettre de ne point prendre en considération, cette déchéance sociale.

Une telle attitude serait, paraît-il, pratiquement impossible, dans les États capitalistes où tout est affaire de classe (les femmes, selon Engels, *Les Origines de la famille,* les peuples colonisés, donc l'humanité colorée, selon Lénine, étant assimilés au prolétariat). Nouvelle raison de réduire à néant l'idéologie imbécile qui cause et sanctionne ladite déchéance sociale. Et si, en attendant, est désirée, baisée, voire épousée quelque négresse de bordel, que ni honte, ni vanité ne soient tirées d'un commerce qui n'a besoin de visa, non plus que d'excuse, puisque s'en trouve au moins donné un plaisir épithélial à ne point dédaigner.

N. B. Ne pas confondre la libération des conflits sociaux avec la béatitude grossière que le ciel bleu, le soleil valent aux natifs des horizons spleenétiques, quand le soleil se met à les chatouiller là où je pense.

De la volupté coloniale au patriotisme de l'inconscient

La France coloniale, de saint Louis au duc d'Aumale (lequel, soit dit en passant, a donné ses nom et titre de noblesse à une des trente-deux positions particulièrement honorée dans la géométrie bordelière), du duc d'Aumale à Lyautey, toute la France coloniale, la passée, la présente, la future, avec son cortège de missionnaires-massacreurs, se devait n'est-ce pas, Victor Hugo, de chanter les Orientales :

soi, avoue, puisque le fils de Dieu a, pour père terrestre, un charpentier, donc un faiseur de croix. Pouvait-on signifier plus clairement que les parents aiment à scier, raboter, varloper le malheur de leurs enfants.

*Sarah belle d'indolence,
se balance…*

La maquerelle, très Européenne et fière de l'être, tape dans ses mains : Sarah, Sarah, allons vite au salon.

Une Africaine, belle d'indolence, dans sa collection quel joyau ! et comme ça vous relève l'avachissement décoloré des autres chairs. Et quel objet de désirs. L'objet de désirs, nous y voici revenus, et plutôt deux fois qu'une, puisque la créature, par définition des objets de désirs, grâce à la mise en scène de l'amour vénal et organisé, a trouvé place dans le cadre des désirs.

La négresse, dans les bordels métropolitains où la confine la toute-puissance du blanc, est à sa place, comme sa sœur de bronze, porteuse d'électricité, à l'orée des escaliers à tapis rouge et tringles d'or, expression si parfaite du contentement de soi que ne cessèrent d'éprouver le XIXe et le XXe naissant.

Et qu'elle n'ait pas le mal du pays !

Là-bas, dans le continent originel, avec ses négrillons frères, des administrateurs, des généraux, et qui sait ? peut-être même ce maréchal qui a si bien mérité sa gloire romaine, ont joué, jouent ou joueront à *Je t'encule et tu me suces*. Pourquoi la colère secouerait-elle une famille qui a si bien réussi ? Que les touristes continuent donc à se réjouir de leur tourisme. Dès la douane, et à plus forte raison, hors de leur continent, de leur continence, ils sentent tomber l'uniforme des contraintes.

Le Français, il est vrai, si telle ou telle raison l'empêche de quitter son pays, a pris assez de goût à l'exotisme pour que les barnums de ses désirs lui servent quelques-unes de ces curiosités d'importation lointaine, qui le dépaysent et lui donnent ainsi à penser qu'il se renouvelle. D'où, succès des bals martiniquais, des airs cubains, des orchestres de Harlem et de tous les tam-tams de l'Exposition coloniale. Les noirs sont aux blancs des moyens, des occasions de se divertir, comme leurs esclaves, aux riches Romains du bas empire. Plus même besoin d'aller en Afrique. La prostitution, à quoi le capitalisme livide contraint les noirs des deux sexes, aux abords des places Pigalle de toutes les grandes villes, offre ce que les oasis, en levant les interdictions des hontes européennes, vers

1900, révélaient à *l'Immoraliste*, d'André Gide.

Or, une fois, en tête à tête avec la négresse de bordel, si le petit bourgeois, au lieu d'emplir d'un morceau de sa nauséabonde personne, ce sexe, exquis négatif de celui trop fécond de Mme son épouse, se contentait d'y accoler l'oreille, comme il est coutume de procéder avec les coquillages qui portent, en eux, le bruit de la mer, peut-être, malgré son tympan revêche, entendrait-il une rumeur, confuse encore, mais inexorable et annonciatrice, déjà, de l'effondrement de ses forteresses, de la cathédrale au bordel.

Et pourtant, les idées reçues toutes faites préservent de voir et d'entendre ceux-là mêmes qui font profession de passer aux rayons X, les créatures.

Ainsi, dans un des récents numéros de la *Revue française de psychanalyse*, le bibliographe écrivait-il d'une analyse qu'elle « tend (*sic*) à prouver que les conflits sont les mêmes dans la race blanche et la race noire. Le cas n'est d'ailleurs pas probant (se hâtait-il d'ajouter) car il est à peine question de conflits inconscients ».

L'auteur de ce petit résumé, ni chair ni poisson, vise, sans nul doute, à l'objectivité scientifique. Il signale un travail de collègues et, parce qu'il demeure dans le vague, l'atténué, il croit avoir donné des preuves suffisantes d'impartialité. Il tomberait de haut, ce très subtil, à s'entendre dire, que son imprécision n'est qu'un bigoudi, ajouté à tous les bigoudis de faux-semblants, une hypocrisie pour empapilloter le classique dégueulis, quant à l'inégalité des races.

Voilà comment la psychanalyse tenue, bon nombre d'années, en suspicion par le corps médical français, dès que les soigneurs de l'âme ne peuvent plus l'ignorer, au lieu de les contraindre à réviser l'idée qu'ils se font de leurs individus, de l'état et du rôle plus ou moins officiel qu'ils entendent y jouer, devient, au contraire, un prétexte nouveau, dans l'ensemble sophistiqué, dont ils s'autorisent, pour se dorloter, eux et leurs préjugés avantageux. Par ce phénomène de détournement, une découverte récente, en l'occurrence celle de Freud, vient au secours de tout ce dont il eût été naturel de penser qu'elle allait le réduire en poudre.

Au contact de certains doigts, les rares occasions de bonds révolutionnaires tournent donc en eau de boudin.

À cette sauce, politiciens et intellectuels assaisonnent les extravagances qu'ils ont mission de faire gober à ceux qu'ils administrent ou instruisent.

On connaît cette cuisine de petits et grands mensonges bien mijotés. Que les experts plus ou moins assermentés s'y entendent, et ils auront l'oreille des juridictions (affaire Almazian) qu'ils s'y refusent, au contraire (affaire Bougrat) et les tribunaux passeront outre.

Un faux témoignage de plus ou de moins, qu'importe.

Tout s'arrangera, finira par des chansons, tant que la bonne vieille gauloiserie tiendra la queue de la poêle.

Et elle connaît l'art d'accommoder les restes.

Est-il question d'instinct sexuel ? vite elle fait l'entendue, la grosse maligne, la femme au courant, et, d'un sourire salace, épice les déchets, carcasses, abattis sucés et resucés de la vieille bique réactionnaire.

Elle sait suivre son temps, aussi, le plat du jour, sera-t-il, d'ici peu, *le patriotisme de l'inconscient.* Elle en vendra très cher la recette aux hostelleries régionalistes, aux wagons-restaurants Pullman, où tant de niaiseries dromomanes s'entassent.

On pensera au brouet des spartiates, à un brouet relevé de sel attique, vrai régal pour nos jeunesses, quand elles sortiront des écoles, facultés, lycées où les maîtres du libéralisme cauteleux et satisfait, leur auront ouvert l'appétit par un de ces petits coups de culture générale, qui, en une seule gorgée, savent condenser l'art des ruses oratoires.

Mais que le monsieur bien élevé du XXe, digne héritier de l'honnête homme du XVIIe, se lèche, pourlèche les babines, il n'en garde pas moins sa mesure, même aux instants de délectation suprême, car il y a l'harmonie française et sa sœur siamoise, l'éloquence française, et leur cousin, l'humour anglais et encore le charme slave, leur ancien béguin et le mensonge allemand, leur ennemi héréditaire.

Or, que la géographie des qualités bonnes ou mauvaises, présente, dans l'espace, somme toute réduit, d'un petit continent, nombre de différences et contradictions, toutes les haines qui résultent de ce morcellement, dès qu'elles se reconnaissent un intérêt commun, se coalisent, sous prétexte de civilisation à sauver.

René Crevel

Ainsi, le patriotisme de l'inconscient serait-il un patriotisme large, mettons européen, pour plaire à la S.D.N. avec alliance américaine, mais d'Américains à visages pâles, et non de couleur, puisque si certaine analyse « tend à montrer que les conflits sont les mêmes dans la race blanche et la race noire, le cas n'est d'ailleurs pas probant, car il est à peine question de conflits inconscients ».

Messianisme

Voici donc bouclée la boucle, fermé le cercle, cercle vertueux, dira-t-on, pour l'opposer à la masse des vicieux. Les conformistes de tout poil auront un nouveau mot de ralliement.

Et comme l'époque continuera de faire la laïque, à seule fin de cultiver en plus grande paix l'idéologie chrétienne, au messianisme de s'en donner à cœur joie. Les hygiénistes du corps et de l'esprit, dans une vague officielle de barbiches, binocles, chapeaux de Panama, gilets de flanelle, bas-varices, ceintures herniaires, suspensoirs flapis, plastrons, faux cols, manchettes de celluloïd et autres accessoires du cotillon humanitaire, déferleront sur l'Asie, l'Afrique et l'Océanie. Les tribus que leurs prédécesseurs ensoutanés frustrèrent du bienheureux état d'innocence, ils les examineront pour le plaisir de constater qu'elles n'ont pas eu le temps de fignoler des complexes, dignes des métropolitains. Les évangélistes ont eu beau mettre les bouchées doubles, en un siècle, ou deux, ou même trois, on ne saurait obtenir ces belles angoisses, dont, deux mille années ont si joliment flétri la chair du monde catholique.

Marx, dans sa définition de l'essence humaine, a fait place à *l'ensemble des rapports sociaux,* et Freud prouvé que ladite essence ne saurait, en aucun cas, se trouver confondue avec la conscience qui est en prise, avec l'idée qu'en peuvent donner les placages de la raison sur des apparences.

Or, au nom de la psychanalyse, contre elle en vérité, on vient nous insinuer que les conflits pourraient bien se trouver à l'entière discrétion d'un inconscient variable de race à race, d'individu à individu, faculté en soi et la plus particulière de races, d'individus donnés. Alors, il n'y aurait plus à tenir compte du monde extérieur, des circonstances qui furent les occasions, pour tel ou tel inconscient, d'être affecté de tel ou tel conflit. Et l'on se bornerait à la vie contemplative, à la passivité, à l'arbitraire, et au déni de justice.

Ainsi, du reste, en est-il aujourd'hui. Ainsi, en sera-t-il, tant que, par peur du risque, ignorance ou bêtise congénitale, Messieurs les intellectuels demeureront les serins qui demandent des cages, pour, une fois entre leurs barreaux, nous la faire à la nostalgique, comme s'ils étaient des aigles.

Et ils essaient d'atteindre au vertige par la contemplation de leurs nombrils. Et ils défient leurs nombrils. Et ils poursuivent la tradition des autoglorioles, non moins extravagants que le clergé mâle, quand, au plus beau de son triomphe moyenâgeux, il se réunit en concile pour savoir si les femmes avaient une âme.

Dans ce style de haute époque, à citer un fils de la sainte mère l'Église, un dominicain, dont la sœur (elle-même, femme-curé de qui je reçus le propos, alors qu'elle me soignait d'une maladie infantile) rapportait, à la plus grande satisfaction de son orgueil familial et confessionnel, que, du sol, tête levée, pour cracher en l'air, de toutes ses forces, de tout son héroïsme, sans crainte que ça lui retombe dessus, il baptisait les idolâtres grimpeurs que le spectacle de sa personne n'avait point décidé à descendre de leurs cocotiers : *Je vous baptise si toutefois vous avez une âme.*

Ce nègre, dont on n'est pas sûr, dans les milieux ecclésiastiques, en 1905, qu'il ait une âme, et, en 1931, dans une revue de médecine mentale spécialisée, que son inconscient soit susceptible de conflits aussi distingués que ceux du modèle courant, aux comptoirs psychanalytiques de la maison mère (et notez que le Français dit peu pour sous-entendre beaucoup), en cas de travail forcé, de petite guéguerre on se le reconnaît pour frère, frère cadet, s'entend, donc à guider de main ferme. Ses droits, affirme-t-on, lui ont été reconnus. Alors, que lui, à son tour, et un peu plus vite que ça, scrogneneu, rende à César ce qui est à César. Et bien entendu, la mise en pratique de cette réciprocité sanctionnera l'axiome préalable, à savoir que :

Ce qui est au nègre = peau de balle et balai de crin, tandis que,

César (la société impérialo-capitaliste) possède l'universalité des droits, parmi lesquels, bien entendu, celui de vie et de mort. État

René Crevel

de fait séculaire et que revigore la trahison de n'importe qui, parmi les coloniaux, accepte de servir des idéologies des colonisateurs ou même de s'y soumettre.

Jésus (Famille et complexes, famille de complexes. Complexe de famille)

Fixé au père et incurablement, à jamais, puisque fils du père éternel, Jésus le femmelin masochiste, qui, après s'être laissé gifler sur une joue tend l'autre, n'était pas de ceux que satisfait un simple petit retour dans le sein maternel.

Il lui fallait remonter jusqu'au plus intime de l'appareil génital du géniteur, en devenir un morceau, mettons le testicule droit, puisque la trinité peut, doit s'interpréter comme l'ensemble tripartite, quant à l'apparence, d'un sexe mâle, une banane et deux mandarines, dirons-nous, le style oriental ne voulant de comparaisons que fruitières.

La Judée de Jésus, la conquête romaine, l'avait, il est vrai, quelque peu désorientalisée. D'où, justement, l'allure juridique du conseil : *Rendez à César... Rendez à Dieu...* manteau de Noé, mi-or (César), mi-azur (Dieu) qui couvre le désir secret du Christ.

Dieu (on ne saurait trop répéter la définition de Lénine) Dieu, *complexe d'idées né de l'assujettissement de l'homme à la nature,* Dieu ruche à complexes, ses alvéoles ont beau être enduits de promesses mielleuses, qui s'y laisse prendre, se cogne, se déchire à autant de parois que la Nature, sa nature lui en oppose.

Tous les mâles de cette ruche, sans doute, ne songent point à devenir époux de la reine, mais, depuis la plus haute antiquité, jusqu'à cette très chrétienne année 1932, les idolâtres de Vénus ou de la Vierge Marie, s'ils ne se livrent à propos de pomme ou d'Immaculée Conception à quelque petite guerre[1] entendent, au

---

1 La religion, toutes les religions (sans excepter celle du droit, telle que l'impérialisme capitaliste en a élaboré la doctrine) beaux prétextes à tueries. Le choix du berger Pâris suscita contre Troie les colères de Minerve et Junon, déesses pourtant de tout repos. La Saint-Barthélémy, réaction type du catholicisme impitoyable à toute réforme, n'a certes pas à être commentée. De la découverte de l'Amérique à nos jours, la politique coloniale, à travers sa longue théorie de massacres, a toujours argué de fins confessionnelles. Mais, comme les indigènes n'avaient nulle

moins, trouver en eux des champs de bataille moraux. Celui qui n'a point assez de violence pour l'exercer à ses dépens, priera quelque principe céleste et vengeur, de lui accorder la grâce d'une petite torture.

Des dynasties mythologiques à la sainte famille, parricide, yeux crevés, trahisons, péchés, remords, châtiments et martyre des victimes expiatoires, toute cette marmelade glaireuse et sanglante s'est prêtée à mille variations. Le thème central, unique n'a jamais cessé d'être meurtres et mutilations.

Tandis qu'Œdipe, dans le sang de son père, trouve la pourpre de son temps royal, et, dans les bras de sa mère, s'initie à la volupté, Jésus, lui, au contraire, de sa chasteté, de ses supplices, glorifie son père.[1]

Or, en véritié, ce dont il meurt, c'est d'amour pour son père.

Lui, petit lambeau de sentimentalités diaphanes, il s'estime assez peu pour accepter de souffrir, en l'honneur du mâle, son principe congestionné d'omnipotence. Manière de voir qui, du reste, coïncidant avec celle du *jus Romanum*, donc, devait singulièrement aider au triomphe du christianisme, dans une cité, où les pères avaient droit de vie et de mort sur leurs fils.

Épris de ce que le père incarne de brutal, le fils fait tout son possible, pour en arriver, par les méandres évangéliques, à subir les brutalités des exécuteurs de la volonté impériale, cette volonté impériale ayant été, au préalable, reconnue pour la traduction terrestre de la volonté divine.

Avant l'apothéose masochiste, il y a eu, certes, quelques divertissements, ce que les Français nomment bagatelles de la porte : flirt baptismal avec saint Jean-Baptiste, petite toilette intime et parfumée des mains des Saintes femmes, et surtout, la Cène raison de se laisser domestiquer, asservir au nom de la croix, la croix devint l'arme contondante, la massue dont les assommer.

[1] Cette réciproque passive du complexe d'Œdipe, depuis que Dali a ressuscité Guillaume Tell, tout comme Freud ressuscita Îdipe, pourrait s'appeler complexe de Guillaume Tell. Le sylvestre personnage conserve tout son sang-froid, pour jouer avec une pomme sur la tête (autant dire avec la tête) de son fils. Et ce fils se prête à ce petit jeu, d'aussi bonne grâce qu'Isaac suivit son père Abraham au bûcher et Jésus consentit à la crucifixion. Par ailleurs, en épilogue au complexe d'Œdipe, Antigone ne se sacrifie-t-elle point à son père aveugle. Elle n'a plus d'yeux que pour cet aveugle.

René Crevel

avec le pain (et le pain long, on sait ce qu'il peut représenter et on sait aussi que, jamais, les peintres qui firent de ce repas, tant de tableaux célèbres, n'ont posé, sur la table, des petits pains fendus, symboliques, eux, du sexe féminin).

La psychanalyse ne perd point son temps à lire, étudier le menu divin. Jésus-Christ, avec sa Pâque et ses apôtres, me rappelle un vieux couple de pédérastes qui se léchaient, pourléchaient les babines, à la pensée de manger des croque-monsieur, et, dans un genre hétérosexuel, ce curieux plat intitulé caprice de Madame à l'indienne, composé de rognons de lapins (on n'échappera point à certaine association) posés sur un plat de riz, le riz fournissant lui-même l'image d'un tapis de dents.

Qui ne se laisse prendre à la glu des mythes et symboles ?

Pour moi, la nuit qui suivit le dîner où m'avaient été servis les caprices de Madame à l'indienne, je luttai, afin d'éviter les pièges d'un complexe de castration, dont, mon sommeil, soudain, s'était rappelé, que, jadis, un psychanalyste m'avait dit que j'étais sinon affecté, du moins menacé.

Ainsi, en arrivai-je à vouloir me venger sainement de ces couilles, mes couilles couchées sur un lit d'incisives et de canines : une femme échevelée courait de par les rues, à la main, un objet qui était à la fois un sexe d'homme en état d'érection et un revolver. Cette femme, la dame des caprices à l'indienne, relevait ses jupes, introduisait l'arme dans la forêt pubique, l'y enfonçait, appuyait sur la gâchette. Un coup sourd et secret. Elle tombait morte, et moi qui n'allais pouvoir jamais me consoler de ce qu'un objet à faire la vie, en elle, eût fait la mort, et quoique rien ne pût racheter l'abominable méprise, je voulais quand même, victime des préjugés familiaux, qu'elle eût au moins un très bel enterrement. Mais un enterrement pas trop triste. Aussi, fut-ce une grande joie que de voir venir à ma rencontre, une chanteuse qui, spécialisée dans le Satie, allait savoir animer de sa verve la musique funèbre.

— Et beaucoup mieux que tu ne peux imaginer, mon petit, s'écria-t-elle, devinant ma pensée.

Alors, pour me prouver qu'elle était bien du temps des valses et des Rose-Croix, de relever ses jupes et me montrer des poils taillés en moustaches et barbiche, à la mode des ténors de la fin du XIXe.

Jésus

De ses doigts potelés, elle épila ce bouc jusqu'à ce qu'il n'en restât plus qu'une impériale. Par cette taille de style Napoléon III, elle entendait me signifier que Gounod allait redevenir de mode.

Et de fait, elle se mit à chanter, à tue-con, un *Ave Maria,* qui me valut de revivre certain matin de mon enfance, dans une chapelle, où, pour en revenir à Jésus, se trouvait un chemin de croix, au sujet duquel, il est grand temps, aujourd'hui, de m'expliquer.

Des centurions très beaux gosses, les mollets serrés dans des guêtres d'or, en paraissaient d'autant plus et mieux nus, à l'instant que le genou saillait. Sous la peau brune, dès la rotule, montaient des muscles de fantassins, ombragés, juste, au sommet des cuisses, par des petits jupons de couleurs tendres, eux-mêmes, échappés de cuirasses dont le métal moulait pectoraux torses et hanches, mais s'échancrait, avec on ne peut plus de complaisance, pour dégager les épaules, le cou.

Vêtu d'une très élégante robe blanche, courbé sous la croix, au départ, Jésus offrait l'échine. De la minute où Ponce Pilate s'en était lavé les mains, le symbolisme sexuel avait été précisant. Jésus tombait, se relevait, c'est-à-dire avait joui, se retrouvait prêt à jouir, avait rejoui sous le fouet des athlètes aux costumes suggestifs.

Or, de même que la jeune épouse crie « maman » dans son effroi de la volupté, lui ne cessait d'appeler son père.

Au jardin des Oliviers, sa solitude en rut avait eu soif de boire le calice jusqu'à la lie, entendez, sucer jusqu'à l'ultime goutte de leur sperme, tous ces membres virils que, dans la claire lumière de son dernier dimanche, il avait imaginés tendres rameaux, mais que l'orage du Golgotha devait métamorphoser en rugueuses, inexorables verges.

Pour le fils de Marie, de cette pauvre fille qui s'était crue vierge, toujours vierge, enceinte du Saint-Esprit parce que son imbécile de mari n'avait su la faire jouir, pour celui dont la vie prénatale, elle-même, s'était trouvée castrée, quelle revanche, lorsque le sexe de l'homme, de son semblable, de son père, d'instrument de fustigation, devint instrument de supplice plus précis, devint la croix, cette croix dont l'érection, au sommet d'une colline, déjà, faisait prévoir la nostalgie phallique, qui, de ses clochers, allait durant des millénaires, encombrer ce monde, qu'un abominable malentendu avait osé prétendre désexuer.

La croix-squelette de pénis-vampire.

Et ces clous qui pénètrent pieds et mains.

Et ces épines dont les pointes ont déjà traversé le crâne, hymen osseux qui ne peut, ne veut plus défendre le cerveau dont la molle masse, d'ailleurs, entend être possédée.

Mais alors, il y eut l'éponge de vinaigre, c'est-à-dire le mépris du plus beau des soudards, pour cette guenille qui voulait être sa guenille. Ce légionnaire qui, parmi les putains entassées au pied de la croix, ne pouvait manquer de reconnaître la croupe experte de Marie-Magdeleine, ainsi ne fera point à Jésus, l'hommage de la moindre petite sécrétion prostatique. Il se contente de lui pisser dans la bouche.

Alors, s'achève la triouse. Entre les deux larrons, les deux marrons,[1] le Christ n'est plus que l'ombre d'un misérable bigoudi.

Marie et ses compagnons, de soigner, dorloter, la pauvre chose.

À feindre cette tendresse posthume, la femme se venge de ce par quoi, l'homme en vie, en vit, l'asservit, prétendit l'asservir, au moins la cloua sur sa paillasse.

Ce bâton de maréchal, dont la grande Catherine disait que chacun de ses soldats le portait dans sa braguette, les créatures frigides ou peureuses attendent qu'il ne soit plus qu'une petite loque morte, pour lui accorder une pitié chrétienne, qui, à la fois, se targuera de son renoncement et de sa fidélité.

À ces pouilleuses, nous opposerons Ophélie qui, avant d'aller se noyer, choisit pour s'en couronner, ces longues fleurs pourpres que, selon Shakespeare, « les jeunes filles réservées appellent doigts d'homme mort, tandis que les bergers licencieux leur donnent un autre nom ».

La vierge et le serpent

Or, cette Marie, qui ne s'occupait du principe mâle que pour l'ensevelir, le ranger dans un sépulcre, c'est sous sa protection que

---

1 Les juteuses oranges divines se sont racornies, desséchées jusqu'à n'être plus que de pauvres châtaignes.

les hommes enjuponnés avaient prétendu mettre notre enfance.

Elle avait la meilleure place dans la chapelle, où, sous forme de statue de marbre, elle se tenait droite, plus grande que grandeur nature. Sourires, longs voiles et couronnes, rien n'avait été négligé de ce qui pouvait, aux yeux de l'enfance, la parer d'une douceur que nos curés disaient ineffable.

Mais cette marmoréenne personne avait des pieds, des pieds de flic, des pieds dont la pesée écrasait le serpent, un pauvre serpent qui, dans une ultime convulsion, relevait la tête et dardait, sous forme de langue, une flamme désespérée qui ne saurait être comparée qu'à ce jet de sperme, dont s'accompagne, dit-on, la mort du pendu.

Les années que je dus, pour des prières masochistes, m'agenouiller devant cette parabole pétrifiée, sans doute, n'en pouvais-je saisir, dans son abominable exactitude, tout le sens, mais, puisque diable il y avait (et, bien que je ne comprisse encore ce que, par diable, il s'agissait d'entendre) j'étais pour le diable, ce pauvre diable d'écrasé contre l'écraseuse.

Elle, Notre-Dame du coup de pied dans le bas-ventre, par ce joli geste, elle prétendait venger Adam et Ève, le premier couple, le Couple. Les venger de quoi ? Du serpent jailli de l'homme, du désir qui avait, d'abord, serpenté à l'ombre de l'arbre de la science, puis, soudain, s'était dressé pour se confondre avec le tronc vertical, dont, les racines doublaient, protégeaient, caressaient, enchantaient les veines extasiées du mâle, les artères délirantes de la femelle.

Or, justement, parce que rien, en comparaison de cette minute, ne vaut, ne peut valoir, tout de suite, s'était terni l'or des âges d'or.

La volupté jette des créatures hors du quotidien.

Qu'elles se trouvent remises au beau (ou plutôt vilain) milieu de leur monde, ce sera pour ne plus saisir que les défauts de ce qu'elles avaient, dans l'extase de la vie toute neuve, appelé leur paradis terrestre.

Une compensation est inventée : Dieu qui arrive avec tout un attirail d'interdits.

On veut qu'il soit lumière, parce que la nuit a succédé au jour.

Mais, l'éblouissant, dont, l'homme veut doubler ses ténèbres, cette clarté absolue qu'il invente derrière les heures obscures, cet invisible, par quoi, il entend purifier, remplacer l'univers, dès que le crépuscule se met à en effacer le dessin, les couleurs, toutes ces chimères compensatoires, ces bêtes à bon Dieu qui ne sont pas, hélas, des coccinelles, se vengeront sur les jours et sur les nuits, qu'elles déchireront de leurs griffes, étoufferont de leurs monstrueux membres gothiques, meurtrières à l'intelligence et au cœur de l'homme qui les laisse rôder autour de son âge moyen, tout comme, à son moyen âge, elles assassinèrent, à jamais, le bonheur, les élans du monde chrétien.

L'histoire du paradis perdu...

Ainsi, s'exprime la nostalgie de ce possible que la peur a, peu à peu, métamorphosé en impossible.

Chacun relègue, dans le passé, la préhistoire, l'extase dont il ne peut se consoler de l'avoir manquée, ce prodigieux instant qu'il a vécu, mais sans avoir su le prolonger, se le rappeler pour en illuminer sa vie crasseuse, en faire son temps, le Temps.

Alors, le dépit d'inspirer aux idéalistes ce réalisme terre à terre, contrepoids aux extravagances des édens passés, des paradis futurs. Par peur d'être déçus, ils se refusent à tout espoir de connaissance, se rient de la poésie, de ses recherches et découvertes, dont certaines, déjà, ont permis à l'œil aigu de Dali de prévoir le jour où *la culture de l'esprit s'identifiera à la culture du désir.*

Avant qu'il en soit ainsi, sans doute, faudra-t-il, du sceptique léger au religieux obtus, imposer silence à tous ces agnosticismes, qui, d'une souriante soumission au fait ou d'un rauque impitoyable renoncement, espèrent payer, fléchir les puissances, dont, ils se croient menacés.

Ils veulent charmer ce à quoi ils n'ont pas le courage de s'attaquer.

Du fruit défendu (la pomme), au fruit béni (le fruit des entrailles de Marie), il n'y a que le sacrifice, dont le christianisme a entendu faire sa plus haute idée.

Or, on ne sacrifie pas dans le vide. S'il y a sacrifice, toujours c'est d'une chose à une autre, d'une moins bonne à une meilleure, d'un monde temporel à un monde éternel.

« Les païens, écrit Feuerbach, offraient à leurs dieux des sacrifices humains, sanglants. Mais combien de sacrifices humains, la foi catholique, la foi protestante n'ont-elles pas offerts au Dieu des chrétiens ? »

Et ici, Feuerbach devançant Freud, ajoute : « Mais quel sacrifice est plus grand pour l'homme naturel que le sacrifice du penchant du sexe ? »

Le sacrifice le plus grand témoigne de la volonté d'atteindre, coûte que coûte, au plus grand bonheur, à la plus grande paix.

Tous ne vont certes pas jusqu'à cet extrémisme émasculateur, où en arrivent, de gaieté de cœur, certaines sectes fanatiques.

L'homme réfléchit, calcule, transige, décide de couper la poire en deux, de garder, pour soi, la plus belle moitié. Donc, au lieu d'abandonner le tout sexuel, il en prélèvera une dîme prépuciale. D'où la circoncision, à propos de quoi, le Dr Allendy me signalait le danger, pour qui l'avait subie, de se trouver, par la suite, en proie au complexe de castration.

Il serait légitime, au nom de la loi d'universelle réciprocité, de retourner cette explication causale. Il se pourrait que la circoncision ne fût qu'un effet du complexe de castration et, peut-être même, à son endroit, une thérapeutique.[1]

L'individu a offert à la divinité un petit morceau, pour pouvoir, impunément, disposer de l'ensemble. Il a triché sur le poids, essayé de rouler Dieu. C'est, d'ailleurs, le propre de l'homme religieux que de vouloir rouler l'omnipotent dont l'omnipotence, à ses dépens s'exerce. Piètre revanche des bigots, lorsqu'ils ont dû finir par constater, comme ce héros d'André Gide, (le père Lapérouse dans *Les Faux-Monnayeurs*) : *Dieu m'a roulé.*

Il est, d'autre part, on ne peut plus clair, que le diable symbolise l'érection, l'érection, le diable. Pour n'en point douter, il me suffit de me rappeler ce diable-qui-sort-d'une-boîte, jouet à la mode au temps de mon enfance. Un personnage velu, cylindrique et à ressorts, d'une poussée, soulevait son couvercle. L'andrinople dont

1 Ainsi, au fait d'avoir eu quelques côtes coupées et aux douleurs qui suivirent cette opération, dois-je d'avoir été à jamais débarrassé d'un cauchemar qui lancina si grand nombre de mes nuits. J'étais entre des planches. On appuyait sur ces planches. *Tout* mon thorax craquait, or, une fois le thorax *partiellement mais pour de vrai* craqué, c'est-à-dire la partie sacrifiée au tout, je perdis, quant au tout, mon obsession.

René Crevel

il était vêtu, quand, d'un soubresaut, il l'avait tendue, lui valait de ressembler à un membre de cheval hors de sa gaine.

L'expression répugnante du visage, et, çà et là, des poils poisseux de sécotine faisaient de sa personne un objet de dégoût, réplique, avant la lettre, mais dans le genre abominable, à ces objets de désir qu'on devait, plus tard, servir vidés de toute moelle humaine à ma fringale lycéenne.

Le complexe d'Oreste

Du monstre à ces alexandrins dont l'ennui trahissait les passions, la tactique ne manquait pas de continuité. Mais l'esprit gaulois et la science chrétienne des tortures avaient eu beau faire front unique contre la haute, la plus haute voix de terre, avaient eu beau vouloir, à coups d'affreuses poupées et marionnettes algébriques, saccager toutes les pousses de l'instinct, le triomphe n'en restait pas moins à ce diable, hideux, certes, mais dont la hideur se riait du couvercle qui prétendait l'écraser.

Après lui, vint Oreste.

En fait de familles, nulle ne pouvait m'intéresser autant que celle des Atrides.

Aux psychanalystes professionnels, j'offre ce lapsus, qui, l'automne dernier, plusieurs fois, me valut d'écrire, de dire Oreste au lieu d'Œdipe. Ne fallait-il point en conclure que j'étais de ceux qui eussent préféré tuer leur Clytemnestre de mère, plutôt que leur Laïus de père. Sans doute, pourrait-on objecter que l'un aussi bien que l'autre crime, en dernière analyse, peuvent être dits passionnels, avec objet unique de passion : la mère, qui dans le premier cas est victime, dans le second, bénéficiaire du meurtre.

Pour moi, je vois, dans le complexe d'Oreste, une substitution de la sœur à la mère.

Revenu au pays natal, Oreste n'a-t-il point posé son pied dans une empreinte, juste à sa mesure ? Grâce à cette coïncidence, il a retrouvé la trace d'Électre, sa sœur, il a retrouvé la trace de la femme qu'il avait assassinée en la personne de Clytemnestre.

On connaît l'expression : trouver chaussure à son pied.

La chaussure au pied d'Oreste, c'est Électre.

Aussi, à la lumière de ce souvenir, ai-je compris, pourquoi rien ne m'avait, au cours des séances de psychanalyse, révolté, comme de m'entendre dire que je cachais ma pensée intime, lorsque je prétendais avoir préféré à mon frère aîné les sœurs qui m'étaient puînées.

Selon le psychiatre je haïssais ces dernières. C'était dans l'ordre. C'était un ordre de sa psychanalyse primaire, intransigeante. N'étaient-elles point venues, en effet, me ravir l'affection maternelle. Cette affection, quel moyen de faire admettre que j'y avais renoncé, parce que ne m'avait pas semblé assez féminine[1] celle à qui j'eusse dû la vouer !

Un petit mâle qui a vu ou cru sa voracité originelle frustrée de la créature rassasiante, juge, au contraire de tout ce que peuvent prétendre les psychanalystes, miraculeuse la naissance du bébé femelle, dont le vagissement, comme s'il était déjà le soprano d'une amoureuse d'Opéra-comique ranime, au foyer, le principe qui s'y trouvait déficient…

Oreste met le pied dans la trace du pied de sa sœur, Oreste prend son pied avec sa sœur (cette remarque familière ne vise certes point à introduire dans l'étude de ce cas mythologique une cocasserie de style belle Hélène), Oreste substitue l'inceste à l'inversion et il retrouve son équilibre. Alors, il n'a plus qu'à marier son amant Pylade à sa sœur Électre. Il tombe amoureux d'Hermione. Ainsi, grâce au jeu des ressemblances, des similitudes familiales, il passe du narcissisme à deux (homosexualité) au narcissisme hétérosexuel, et du narcissisme hétérosexuel à l'hétérosexualité pure et simple. Choéphores et Erynnies en sont pour leurs frais. Le petit jeune homme échappe à leur poursuite glapissante. Sans doute, s'il avait eu contre lui les incarnations chrétiennes du remords, les choses ne se seraient-elles point passées ainsi.

Des noms de sœurs trop aimées éclatent, sans d'ailleurs tuer personne dans l'orage romantique. Les ouragans d'alors, aimaient, <u>il est vrai, surtout</u> jouer avec les chevelures. Chateaubriand, Byron,

---

1 Raison qui, d'ailleurs, n'était sans doute qu'un prétexte cherché, trouvé par la nature, afin que la mère masculinisée (en vérité, elle était plutôt désexuée) servît d'excuse à tout ce qui, dès la puberté, allait pouvoir passer pour n'être point précisément un fait de la nature.

René Crevel

d'un siècle à l'autre, n'ont rien perdu de leur gloire photogénique.

Or, le premier, s'il raconte ses tourments dans *René,* s'attendrit au souvenir de Lucile dans les *Mémoires d'outre-tombe,* de quelle complaisance envers le *Christianisme et son génie,* de quel conformisme diplomatique n'a-t-il point racheté son lyrisme incestueux ?

Byron, lui, préféra faire figure de maudit.

Mais, l'un comme l'autre de ces littérateurs très doués ne demande qu'à se laisser prendre au rythme de sa prose, de ses vers. Une tempête dans l'encrier : s'envole la torture de leurs cœurs et cervelles. Dans les trous qu'il a creusés à même la matière pensante et le muscle émotif, le vent a pris place, règne en maître. Pour apte qu'il soit aux variations mugissantes, il n'en demeure pas moins le vent, rien que le vent.

Oreste, avec sa hantise des reptiles (*Pour qui sont ces serpents qui sifflent sur vos têtes ?*) si la mode du temps n'avait permis à son pas de coïncider avec l'empreinte de celui de sa sœur, il eût fini dans la chapelle de mon enfance, prosterné devant cette vierge qui, de tout son orgueil impénétré, impénétrable, pesait sur un diable à forme de serpent.

Du pied d'Électre voluptueux, consolant, au pied écraseur de Marie, il y a le chemin qui, parti de ce que les superstitions mythologiques avaient laissé de lumière et de vie au monde, aboutit à ce cul-de-sac dont on ne sait qu'il est cul-de-sac qu'après avoir brisé son crâne, aplati ses organes érectiles, éclaboussé d'une marmelade muqueuse ces pierres inexorables que cèlent les ténèbres de l'obscurantisme chrétien.

L'abbé Oreste. Il eût été de ceux dont la chair malheureuse, à travers les déclamations apocalyptiques, ne sait que répéter, enseigner une obsession qui se croit damnante.

De l'animal et de la jouissance

Un de ces éducateurs aimait à répéter : Quand on se regarde nu dans une glace on voit le diable.

Cette traduction très catholique du vieux mythe de Narcisse ne réussit tout de même pas à démoraliser ma puberté toute neuve, le jour que cette vieille salope d'armoire à glace, qui m'avait vu naître, m'offrit l'image de ce qu'une trop chaude après-midi n'avait point laissé inanimé.

Ce diable-là, ce beau diable dressé au milieu du cher enfer velu, il réfutait la cruauté goguenarde d'une nourrice, grosse luronne, qui, en faisant jaillir, hors du corsage le sein, dont elle offrait le bout violacé à téter à ma petite sœur, jamais ne manquait d'entonner la chanson :

Mon père m'a donné un mari,
Mon Dieu quel homme, quel petit homme,
Mon père m'a donné un mari,
Mon Dieu quel homme, qu'il est petit.

D'une feuille (feuille de vigne) on fait l'habit de ce petit homme. Le chat le prend pour une souris. Ici, le symbolisme animalier, à quoi il est toujours fait appel pour la description des organes sexuels, ne saurait être plus clair.

La maritorne narguait un petit garçon. Sa chanson narguait tous les hommes.

Pris entre deux feux, pas moyen d'en sortir.

Les lourdes femmes à fonction charnelle décrétaient organe de l'insuffisance ce que le reste de l'univers jugeait organe de l'abomination. Personne, en tout cas, ne s'était simplement contenté de le qualifier d'organe de la jouissance. Ou plutôt, l'eût-on qualifié ainsi, ce n'eût été que pour signifier le rapport de synonyme, imposé par le décalogue, entre le délire extasié de papilles et la notion de faute.

À ce sujet, il importe de citer Feuerbach : « Lorsque la jouissance en général est un péché, l'homme est si anti-naturel, si mesquin, si esclave, si craintif, si mauvais pour lui-même, qu'il ne se permet aucune joie, aucun bon morceau, comme Pascal qui, selon sa sœur, se donnait toutes les peines du monde pour trouver insipides les mets fins et délicats qu'on lui donnait pendant sa maladie. »

Elle était pascalienne en diable, cette bourgeoisie dont j'étais issu, et qui, d'hypocrisie en hypocrisie, avait fini par se prendre au jeu de son masochisme sordide.

Au contraire de Lorenzaccio qui avait simulé la débauche, jusqu'à n'être plus que débauche, elle avait grimacé le renoncement par calcul, mais calcul et grimaces avaient eu raison d'elle. Les privilégiés avaient crié misère pour que la colère du plus grand nombre spolié à leur profit ne s'attaquât point à leurs fiefs. Et voilà que, soudain, ils déploraient, avaient raison de déplorer le vide qui était en eux. Il avait été catastrophique le piston de leurs pompes aspirantes et foulantes. Aspirations et refoulements. Les romanciers dévoués à la cause des riches n'avaient cessé d'invoquer, en excuse au luxe insolent de certaines demeures, les conflits pathétiques dont elles étaient les théâtres. Ils expliquaient comment d'imbéciles questions de préséance, des problèmes sans queue ni tête vous mangent, justement, et la queue et la tête.

Les bobards religieux ne trouvaient-ils plus une oreille qui voulût encore les tolérer, le plus grand nombre, du lecteur de roman sophistiqué au lecteur du journal démagogique, se refusait-il aux affirmations insinuées ou hurlées des mystiques ploutocrates, niait-il que le diable fût vivant là où le clergé a, si longtemps, prétendu qu'il s'incarne, alors, on se contentait de ravaler – et avec quel luxe de sournoiseries – au rang animal ce qui, pour être commun à toutes les espèces vivantes, n'en demeure pas moins propre à l'homme et le propre de l'homme.

Ils vivent comme des bêtes. Une vraie bête en rut, on connaît ces comparaisons. À noter que le substantif *bête* se trouve avoir dépéri, jusqu'à n'être plus qu'un pitoyable adjectif synonyme d'idiot. Mais, comme, en fait de bon morceau, nul n'ignore où se trouve le meilleur, tous ceux qui ont voulu copier le monsieur des *Pensées*, ont sali la sensualité de sous-entendus crapuleux.

N'est correct, chic, distingué que ce qui a été, au préalable désexué.

D'où le costume masculin, tout en cylindres cachottiers.

Ma famille avait toujours peur de rater le train.

Aussi, dès mes cinq ans, pour la promenade dominicale au Bois de Boulogne me trouvai-je affublé d'un chapeau melon, d'un col dur, d'une cravate régate, d'un complet-veston de coupe anglaise et d'une canne en bois d'amourette.

De l'animal et de la jouissance

Mais si la prétention balançait le grotesque dans cet accoutrement des jours fériés, le plus abominable défi à ce qui peut subsister d'innocemment animal et digne de jouissance, chez un petit de bourgeois, me fut porté, certain mardi-gras par ma mère, lorsqu'elle osa, au nom du réalisme, me déguiser en cocher de fiacre : sous un chapeau de cuir bouilli, c'était une trogne, son œuvre dont (et voilà bien le plus affreux de l'histoire) elle avait été chercher les violets, les lie-de-vin, dans une boîte d'aquarelle qu'elle-même m'avait donnée puis confisquée.

Or, rien ne m'avait, ne m'a jamais semblé aussi admirable que ce clavier de petits cubes, tous de couleurs différentes, mais d'une égale beauté dans leur diversité, puisque le marron s'appelait *terre de Sienne brûlée*. Sur le métal noir et blanc, la gamme des tons était celle de toutes les possibilités. Première possibilité : se venger des acacias. Je barbouillai un palmier rose vif. Ainsi, croyais-je, de par la grâce d'un arbre chimérique, renier un monde juste bon à être renié.

À quoi, il fut objecté que les arbres étaient verts. Donc le mien c'était du gâchis, et rien de plus. D'ailleurs j'étais trop petit pour peindre et on m'ôta pinceaux, gobelets, palette.

Coup d'essai, coup de maître. La famille, d'ailleurs, n'allait point se démentir par la suite, et tout ce qu'elle me contraignit à respirer de sournoiseries pas même puantes, de sales petites intentions m'apparut de plus en plus, de mieux en mieux comparable, au moins quant à ses effets, à ce haschisch, dont, un professeur, complaisant au jeu des étymologies, aimait à nous rappeler, comment le Vieux de la montagne n'avait qu'à le faire fumer à ses disciples pour les métamorphoser en assassins.

Crime et châtiment

La criminalité sans cesse croissante (il suffit de lire les journaux pour le constater) des fils et filles de famille témoigne d'un besoin sourd (sourd comme la lanterne des malfaiteurs sur les images d'Épinal) de taper dans le tas, avec le désir, l'espoir d'être atteint par ricochet, par retour de coup.

Ces jeunes assassins bourgeois, au lieu de s'en prendre aux foyers où ils naquirent, eux et leurs colères, ont laissé dévier une violence qui, dans son exercice homicide, vise moins au profit qu'au châtiment.

À travers des victimes d'occasion, ils se poursuivent eux-mêmes. Ils s'atteignent dans les meurtres commis sur les passants. Ainsi, les attentats qui doivent les mener à l'échafaud sont des suicides au deuxième degré.

Ne fut que le premier d'entre eux, le plus complexe, le mieux réussi le Lafcadio des *Caves du Vatican*. Pour nos critiques, il est celui-qui-a-commis-l'acte gratuit. Mais d'abord, il y a erreur sur la personne. On a pris pour un fauve de l'intelligence le produit de la plus sensuelle des horticultures. Fils d'une femme d'amour, il est à cent coudées, certes, au-dessus de ses contemporains et cadets nés de parents unis en justes noces. Mais Gide n'ignorait pas comment et combien le charme de Lafcadio ferait se pâmer d'amour (conscient ou inconscient) lecteurs et lectrices. Le chapeau taupé, à la mode de 1912, dont il le coiffa, abrite un visage d'une expression assez rare pour évoquer les fleurs de ces plantes qui méprisent le sol et ses aliments et ne veulent de nourritures qu'aériennes, impondérables.

Or, en vérité l'air a son poids. Nous qualifions d'impondérable, non ce qui ne saurait être pesé, mais ce que nous n'avons su peser. Le poids de Lafcadio, de son charme, de son influence est un poids sexuel. Il est le kilo d'un système de mesures dont l'unité fondamentale est une verge, sa propre verge en état d'érection. La cruauté n'est-elle point, d'ailleurs, un attribut caractéristique du mâle ? Quant aux chemins de fer et à leurs secousses, on connaît leurs effets sur les pénis adolescents et adultes. Lafcadio est jeune, le bonhomme qu'il précipite sur le ballast ne l'est plus. Son geste peut donc s'interpréter comme celui d'Œdipe, et, d'autant plus légitimement que ledit Œdipe devient criminel au cours d'un voyage, le voyage symbole du mouvement, le mouvement signifiant, dans l'un et l'autre cas, la tension des forces viriles.

Le père, le plus vieux que soi, c'est la société tout entière. Nous savons, depuis Freud la réaction du fils.

Ce ne fut donc point par les voies de la pure intellectualité, quoi qu'ils en aient pu prétendre, qu'aboutirent au dilettantisme anarchisant, les écrivains de la fin du XIXᵉ et du début du XXᵉ, et, avec eux, leurs plus chères créatures. Gide ne voulait point plaquer sur les faits des raisons a posteriori. Il opta pour l'inexplicable. Mais pour un Lafcadio promis sinon à la guillotine, du moins à la mort violente, comme pour un Barrès qui s'achemine vers le conformisme, même fond d'exaspération sexuelle. Le premier tourne à l'assassin irrésistible, le second au vieux parapluie. À l'un comme à l'autre, on pourrait également reprocher ce dont Breton faisait justement grief à Barrès lors du procès que lui intenta *Littérature* : User d'un charme, d'une séduction où et quand charme et séduction ne devraient s'exercer.

Lafcadio, en jetant par la portière une créature falote, jette un défi à la société. Défi insuffisant, littéraire. Wilde est passé par là : Mettre le génie dans sa vie, le talent dans son œuvre. Le génie dans la vie, entendez licence complète. Il y a contresens sur la liberté. Aller à contresens, c'est se cogner, se briser fatalement. Lafcadio sait que ça finira mal. Mais le masochisme double toujours le sadisme. Aussi, malgré ses qualités félines, est-il non le chat qui joue avec la souris, mais la souris qui joue avec le chat pour que le chat la griffe, la tue, la mange.

Les autres, inférieurs à Lafcadio, la glaise de leur médiocrité leur colle aux souliers, colle leurs souliers au sol. Ils ne s'en hâtent que davantage vers le châtiment. Si l'heure venue, ils ne s'effraient, ni ne se révoltent, c'est qu'ils acceptent que, dans leurs personnes, soit frappée une classe dont la conscience n'a de réveil fulgurant que pour éclairer le spectacle des injustices qui lui a permis d'être, de durer.

Ceux qui, des plus écœurants privilèges se sont trouvés les clavecins, tout ce qui les a pincés était si faux, que les voici, du fait même de leur situation favorisée, à jamais, complètement détraqués, machines à transformer les hypocrisies familiales en meurtres hasardeux.

À l'aube, avant la guillotine, ils refuseront le verre de rhum, mais entendront très pieusement la messe, puis, d'un cœur léger, monteront à l'échafaud. N'ont-ils pas mis en pratique, et de leur mieux, les conseils du Christ, puisque, après la première gifle d'un remords non clairvoyant, ils ont fait en sorte d'être, non giflés sur l'autre joue (ce qui leur eût semblé insuffisant) mais amputés de toute la tête.

Ainsi, du fait de cette circoncision capitale, s'estiment-ils dignes du Paradis. Doivent-ils se contenter du bagne, ils se sentiront en partance pour la résurrection. Beaucoup préfèrent l'expiation totale, immédiate, tel le jeune gandin, assassin du bijoutier de l'avenue Mozart, qui refusa de signer son pourvoi en cassation.

La France apparaît donc, quant à la psychologie de sa classe bourgeoise, jumelle de la Russie de Dostoïevsky. Crime et châtiment, le crime en vue du châtiment.

Bien entendu, les journaux diront, de ces gigolos sanglants, que leurs parents, pourtant, leur avaient donné le bon exemple. Mais oui, le père était arrivé à la force du poignet. C'était, s'il m'en souvient, un brave patron-boulanger qui s'était retiré une fois fortune faite. Par la faute de son chenapan de fils, il avait, d'ailleurs, vite succombé à la douleur de voir, après quarante années de pain polka, la valse des écus. Pour la mère, il n'y aurait certes nulle exagération à dire qu'elle était l'économie faite femme.

Alors, de qui pouvait-il tenir ce prodigue, ce voyou ?

On eût dit que l'argent lui brûlait les doigts, tandis que, justement, dans la famille, au contact de ce cher argent les plus rudes mains devenaient douces.

Ses raisons d'être, à ce gigolo ? Sa voiture, ses chemises de soie, sa poule, ses cocktails, etc. On a vu à quoi il en fut réduit, le jour qu'il n'eut plus de quoi se les payer. Il n'existait qu'en fonction d'une injustice sociale à son profit. La sagesse eût été de s'arranger à ce qu'elle durât, la sagesse eût été, selon l'expression de notre code, de gérer sa fortune en bon père de famille. Mais quoi ! c'était un agité qui se turlupinait, puis se mettait à faire un tas de bêtises pour ne plus se turlupiner.

Fils de famille, il ne croyait pas que la famille, ce fût cette cheminée qui la groupât. L'âge du feu, l'âge du foyer était bien passé, mais l'âge du billet de banque durait toujours.

Le centre du cercle sacré, le noyau de la cellule sociale c'était le coffre-fort. Une fois enlevé, une fois vide le coffre-fort, le milieu n'a plus de milieu, donc il n'y a plus de milieu du tout. Un petit décentré de plus. Voici cinq ans, avec un minimum de dons littéraires, sans

Crime et châtiment

doute, eût-il pu, tout comme un autre, y aller de son petit roman sur l'inquiétude. Mais d'abord, il ne s'est jamais intéressé qu'à la mécanique. Et puis, c'est la crise. Donc tout est perdu. Alors, un petit coup de clé anglaise sur le crâne d'un bijoutier. Le voilà renfloué pour quelque temps. Ça durera ce que ça durera. Si on est pris, on paiera. Orchestre, jouez-nous le tango des désirs. Maître d'hôtel, une bouteille de champagne.

Juge et partie

Ce petit raisonnement, il semble que répugnent de moins en moins à se le tenir les chérubins des quartiers riches, au sortir de leurs lycées. Mais à quoi bon épiloguer sur des individus. L'ensemble des rapports sociaux fait de l'homme un loup pour l'homme. D'où sanguinolents complexes d'actes et de pensées.

Pour la justice, si elle demeure impitoyable et impuissante, c'est que l'humain, dont elle se réclame, tout en affirmant le dominer, a perdu tout sens actif, pour n'être plus qu'un prétexte passif, une boutonnière figurée par le moins réjouissant des signes arithmétiques, celui de la soustraction (-) où se plante la fleur des parterres obscurantins, l'opportunisme. Les horticulteurs de l'hypocrisie ont d'ailleurs plus d'un nom pour la mieux réussie de leurs créations. Ils l'appellent impartialité. Ainsi le roi invoquait le lys (le lys mieux vêtu que Salomon et qui pourtant ne tisse ni ne file) du temps que, pour lui, tous filaient et tissaient. Aujourd'hui, le libéralisme se contente de piquer à son revers ce pétunia artificiel dont le caoutchouc, à la chaleur des intérêts, dans le feu de la discussion parlementaire, déjà, se décompose.

On ne peut même plus parler de boue, car, des éléments solides, ne demeure qu'une teinte foncée, une housse de puant goudron sur la mare qui voudrait noyer le poisson, l'aurait noyé, certes, s'il y avait eu encore un poisson.

Or, l'humain, qui, à l'inverse du mot « bête », a été, de qualificatif, promu au grade de substantif, malgré cet honneur, n'en apparaît pas moins tel qu'on ne saurait le dire ni chair, ni poisson, pas même cette sauce dont les gourmets s'accordent à reconnaître qu'elle fait le poisson, cette sauce qui a défait le nôtre, englouti sa dernière filasse.

Il n'y a point de squelette à ressusciter, point de forme à redonner à cette abstraction, ni de vie à cette ombre détachée de son corps originel. Le général a joué contre le particulier, le particulier contre le général, et finalement, le brouillard, l'Humain les a trahis l'un et l'autre, a trahi l'Homme majuscule, le type, l'espèce, et le trahissant, a trahi l'autre, l'homme quotidien, n'importe qui, toi, lui, moi, il.

Toujours l'étroitesse spécifique dénoncée par Engels.

L'humanisme, sous toutes ses formes culturelles et dérivés philanthropiques a cru pouvoir concilier la plus nébuleuse indifférence et la détaillomanie analytique.

La créature ne s'est même plus donné la peine de constater de soi ce qu'Aristote écrivait de la maison :

« On ne peut se figurer abstraitement une maison, la Maison qui ne soit pas une de celles que nous pouvons voir. »

De même Lénine énonçait : « Que l'on commence par une proposition des plus simples : les feuilles de cet arbre sont vertes, Jean est un homme, Médor est un chien, il y a déjà en cela comme le remarquait génialement Hegel, de la dialectique. Ce qui est particulier est général. »

Et c'est pourquoi, pas plus pour un particulier que pour un général, il ne saurait être question de se prétendre au-dessus de la mêlée. La pensée, mais où irait-elle se promener, si elle sortait de cette mêlée qu'elle a justement pour mission de démêler.

Mais voilà, les codes, ces chers petits hypocrites, déclarent qu'on ne saurait être à la fois juge et partie. Et puis, il y a aussi les sages dont la sagesse inventa ce dilemme : Il faut savoir de tout prendre son parti, et cependant n'être, en rien, de parti pris. On ne pouvait attendre mieux de l'extravagance analytique, de sa catalyse sournoise. Le juge, le général d'une part, le particulier, la partie, d'autre part, se regardent en chiens de faïence. Ils sont deux entités inconciliables, deux raisons ennemies, dont la plus dure, cette grande pétrifiée de Raison d'État aura le dernier mot.

Ainsi, dans un État bourgeois, ira de soi-même à la justice, aux besognes judiciaires, ce qu'il y a de plus crétinement, abusivement bourgeois, réactionnaire, borné, obtus, sans cœur, jeunesse patriote, camelot du roi.

Automatiquement, la classe privilégiée délègue, son droit, le droit de punir à qui saura le mieux défendre ses prérogatives. En guise de consolation, il n'y a plus qu'à se dire que ne serait pas moins écœurant ce sinistre dilettantisme de qui, instruisant un procès, demeurerait froid de ce froid à quoi prétendent les magistratures assise et debout, comme si la glace était plus vraie que la chaleur.

Thémis voit-elle sa balance pencher du côté qu'elle ne veut pas, dans l'autre plateau, elle jettera un sabre, un crucifix ou quelqu'un de ces ustensiles toujours si utiles, quand il s'agit pour la droite de l'emporter à tout prix.

Il serait puéril de s'étonner de ces fraudes traditionnelles, qui sont la tradition elle-même, alors que nous avons vu comment, d'une science dont ils se crurent d'abord menacés, les messieurs de l'hygiène mentale ont fait une mine où puiser en faveur des impérialismes, idéaux putrides, obscurantisme, religions et leurs séquelles.

On ne se baigne pas deux fois dans le même fleuve

Les crasses du passé, puisque, de ces crasses, ils se prévalent, comment accepteraient-ils de les voir balayées par le souffle du devenir ? Ils ont prétendu enchaîner les quatre vents de l'esprit, et le mouvement qui, bientôt les aura emportés eux et leurs résidus, ils le nient, par suffisance d'abord. Et même vaincus, ils ne cesseront de le nier, par dépit, par rage de n'avoir su, avec lui, se mettre d'accord.

Les conservateurs entendent conserver par tous les moyens. Rien ne leur semble tragique, désespérant comme cette compréhension propre, animée du monde, qui valut à Héraclite de constater : *On ne se baigne pas deux fois dans le même fleuve.*

Mais il ne saurait être question de bains pour ces amateurs de mauvaises odeurs, d'odeurs personnelles.

Puisque l'eau coule, ils nieront l'eau. Puisque l'eau en coulant, a raviné la terre, ils nieront la terre. De négations en négations, vont ainsi les idéalistes, ces « philosophes qui, selon Diderot, n'ayant conscience que de leur existence et des sensations qui se succèdent en eux n'admettent pas autre chose. Système extravagant qui ne pouvait, ce me semble, dévoiler sa naissance qu'à des aveugles, système qui, à la honte de l'esprit humain et de la philosophie, est le plus difficile à combattre, quoique le plus absurde de tous ».

Or, ces êtres qui ont tiré sur leurs sens les rideaux du renoncement, qui ont fermé les fenêtres par où le monde extérieur venait jusqu'à eux, ils ont beau se réjouir de penser que pas un écho, pas un reflet ne viendra troubler l'obscur silence de leur orgueil, chaque pore de leur peau ne s'en ouvre pas moins à la rencontre dont ils ne veulent pas. Se fussent-ils couverts du plus imperméable enduit, que la mémoire, encore, ressusciterait l'univers qu'ils refusent. Mais regardez-les plutôt jouer les orchidées du désespoir. Antenne par antenne ils se sont déchiquetés. Et maintenant, leur suffisance se met à déifier, sous le nom de vie intérieure, une cénesthésie qui crie famine. Ils prennent pour l'annonce d'une naissance le dernier râle de tout ce qu'ils ont, en eux, condamné à mourir d'inanition.

Une malade, couchée depuis des années, parce que tout était blanc autour d'elle, l'hiver, les draps, les murs, son linge, ses mains, ses nuits, n'affirmait-elle pas qu'elle commençait à sentir son âme ?

Ainsi, des êtres spoliés, par leur faute ou non, de ce qui leur eût été naturel, sont en quête de surnaturel et ne craignent pas d'expliquer, de très consolante et compensatoire manière, cette répercussion intime des infinitésimaux dont le monde extérieur ne cesse d'émouvoir leur engourdissement.

Souvent, ne sursautons-nous point, avant d'avoir pris conscience du bruit qui a décidé de ce sursaut. Les idéalistes enchantés de leurs propres sursauts, ou n'accordent nul intérêt au bruit, ou ne lui en accordent qu'en fonction de ce sursaut. Chacun d'eux cherche des preuves de soi dans tout ce qui a filtré au travers des muqueuses, papilles, rétines, tympans assez exténués ou experts en hypocrisie pour oser prétendre ne s'être point aperçu de ce qu'ils ont perçu.

Un certain somnambulisme, pour surprenantes qu'aient pu sembler à son propre réveil, ou à la contemplation d'autrui, ses promenades au sommet des toits, n'en a pas moins, de sa marche, foulé la matière. Bien mieux ! que l'aube, au moment de son retour à la conscience, ait mis un reflet gorge-de-pigeon sur cette ardoise où tout à l'heure, sans savoir, il batifolait, il ne lui en faudra point davantage pour prétendre que sa route a suivi quelque impondérable arc-en-ciel.

Que rien de lumineux ne le sollicite, et l'homme divinisera la nuit, sacrera ectoplasme ce brouillard à claquer des dents, qui abolit toute chance d'y voir clair. C'est du reste parce que sa terreur atavique confond avec une menace la chance d'y voir clair que l'idéaliste refuse d'être *le clavecin qui se laisse pincer*. Il ne s'intéresse qu'à ses sensations, mais comme pour des raisons métaphysiques il leur refuse les nourritures légitimes, il se fait une vie, des idées impossibles. Les contraires, de leur rencontre, de leur choc, ne risquent certes guère de produire cette flamme, légitime, brûlante et précaire, identité de l'homme.

Sensations et juste critique des unes par les autres

Le seul jour de ma vie, où j'eus la tentation de me sentir olympien, à voir, soudain, mes doigts déchiqueter l'étiquette de la bouteille d'eau de Vichy qu'on venait de m'apporter, je compris que la saison harmonieuse n'était pas encore venue.

Une sensation, d'une autre avait fait la critique.

À ma place, il est vrai, un idéaliste, pour ne point risquer de mettre en doute le fait de se sentir olympien, eût fermé les yeux, mis les mains dans ses poches, et demandé à l'illusion béate de durer le plus longtemps possible.

À telle tactique les anciennes aristocraties ont dû de connaître le plaisir de vivre, dont M. de Talleyrand disait que ceux qui n'avaient pas vécu avant 1789 ne pouvaient s'en faire idée.

Plaisir de vivre à Versailles, misère de vivre par toute la France.

De ce prix se paie l'idéalisme, philosophie de luxe. Et d'abord le renoncement même est un luxe, car, à quoi, pourrait bien renoncer celui qui ne possède rien. Que soit né l'objectif, méprisé l'objet, ce ne peut être qu'au bénéfice, à l'avantage du subjectif, de la sensation. Quant à ceux qui ont fui le siècle, dans leur austérité la plus frugale, il est facile de dénoncer une gourmandise assez sûre de soi pour accepter comme un hommage, à elle dû, la maturité des fruits. L'indifférence à la vie ne va point se préoccuper d'imaginer la graine, l'arbre, le fruit. Or il me paraît légitime d'accuser de niaise suffisance, en même temps que de boulimie, celui qui confond l'objet avec ce dont l'objet, du fait même de ses nourrissantes vertus, a été, en lui, l'occasion.

Diderot, Lénine n'ont d'ailleurs point manqué de s'en prendre à cette affirmation du vieil idéaliste Berkeley : « L'objet et la sensation ne sont qu'une seule chose (are the same thing) et ne peuvent être abstraits l'un de l'autre. »

Cette certitude qui fut si longtemps à l'homme (à l'homme privilégié, s'entend) plus douce, que *le mol oreiller du doute* de Montaigne, parce qu'elle contredisait la mouvante vérité de l'évolution universelle, on sait à quels heurts catastrophiques elle a condamné ceux qui s'y obstinaient.

L'humano-idéaliste, s'il est de bonne, très bonne, la meilleure volonté, n'a rien d'autre à nous offrir que le spectacle de sa décrépitude.

Il se dit, il est peut-être l'homme sincère.

Alors, l'homme sincère n'est qu'un mannequin dont le carton-pâte lui vaut, grâce à de répugnantes peinturlures, de ressembler à l'écorché des cours de sciences naturelles élémentaires. Ça se démonte. Ça ne remue pas.

L'homme sincère est une entité aussi peu vivante que son prédécesseur l'homme normal.

Silhouette sans épaisseur sur un ciel vide, toutes ses contorsions, le premier souffle vivant les éparpille aux quatre coins de l'horizon.

Des scrupules sophistiqués, des démangeaisons confessionnelles, rien ne reste. Desséchées les pleurnicheries de l'inquiétude cette mare, la conscience ne saura plus où aller pêcher la grenouille. Donc, elle n'agitera plus ses petits chiffons et son mâle, le conscient ne piétinera plus d'angoisse pour émouvoir ou divertir les promeneurs.

Le veau d'or sur ses vieux jours était devenu père d'une vache de fer-blanc qui s'appelait Réalité.

En guise de mâchoire, elle avait toute une série de petits sécateurs dogmatiques, lesquels entendaient bien ne faire grâce à nulle jeune, frêle, attendrissante fleur de rêve ou pousse d'hypothèse.

Cette imposteuse disait que le monde était son monde, le monde de la Réalité.

Or voici qu'on ose parler « d'une volonté violemment paranoïaque de systématiser la confusion et de contribuer au discrédit total du monde de la Réalité ». Dali, de qui émane cette proposition, constate : « Tous les médecins sont d'accord pour reconnaître la vitesse de l'inconcevable subtilité fréquente chez le paranoïaque, lequel se prévalant de motifs et de faits d'une finesse telle qu'ils échappent aux gens normaux, atteint à des conclusions souvent impossibles à contredire et qui, en tout cas, défient presque toujours l'analyse. »

Parallèlement, dans *L'Immaculée Conception*, en introduction à des essais de simulation de débilité mentale, manie aiguë, paralysie générale, délire d'interprétation, démence précoce, Breton et Éluard constataient qu' « à cet exercice de simulation, ils avaient pris conscience en eux de ressources jusqu'alors insoupçonnables ».

Et ils concluaient : « Sans préjudice des conquêtes qu'il présage sous le rapport de la liberté, nous le tenons, au point de vue de la poétique moderne, pour un remarquable critérium. C'est assez dire que nous en proposerions fort bien la généralisation et qu'à nos yeux, l'essai de simulation des maladies qu'on enferme remplacerait avantageusement la ballade, le sonnet, l'épopée, le poème sans queue ni tête et autres genres caducs. »

Hegel ne semblait-il point prévoir ces merveilleux moyens d'investigations et leur résultat qui est le merveilleux lui-même, quand il énonçait : « Le vrai est le délire bachique, dans lequel il n'y a aucun des composants qui ne soit ivre et puisque chacun de ces composants, en se mettant à l'écart des autres, se dissout immédiatement – ce délire est également simple et transparent. »

Transparent, de cette transparence absolue dont parle René Char dans *Artine,* transparence qui protège le jeu des idées, quand, enfin, le verbe *jouer* n'est plus un doublet parent pauvre du verbe jouir.

Rendus au mouvement les objets, à la dialectique des idées, dès lors, la propriété, l'individualisme (deux masques pour la boule d'escalier qui sert de visage au dieu terme obscurantisme) ne sauraient plus les condamner à se tenir cois. Et quels dessins animés dans les vallées cervicales, à même la terre labourée, à l'ombre des oiseaux sous les pieds des chevaux.

Les mots, les mots enfin font l'amour, s'écria Breton, au temps des sommeils.

Dieu l'immobile

Voilà qui nous venge de tous ces petits bals au charnier des entités, quand, à leurs morceaux de bravoure et entrechats divers, la Science , l'Art apportaient le gracieux à-propos, dont, à rêver de ronds de bras et jambes, eût témoigné un cul-de-jatte manchot, unique survivant d'une catastrophe son ouvrage, laquelle eût laissé à son détritus de personne, juste, un empire de poussière.

Singulier mirage négatif, les yeux de ce manchot qui, pour petits qu'ils fussent, n'en étaient pas moins perçants, ses yeux en trous de pine d'aigle qui fouillaient leur désert n'avaient pas vu que le peuplait un voisinage confraternel d'infirmes, tous, du reste, logés à la même enseigne pour ce qui est de l'agilité, de la perspicacité.

Ainsi, de son paysage de cendre, chaque gnome démembré se croyait souverain d'autant plus absolu que sans sujet.

Le soir venu, il remerciait Dieu d'avoir métamorphosé son devenir en rester là.

Dieu c'était, c'est, ce ne sera jamais que l'Immobile.

Dieu c'est l'Immobile, parce qu'il occupe tout le temps, tout l'espace et n'a donc à se mouvoir ni dans le temps, ni dans l'espace.

Il est celui qui ne bande pas, qui décide les plus fiers bandeurs à ne plus bander.

Pour l'extase de se sentir à l'image de l'Immobile qui donc ne renoncerait à pieds et pattes, à ce qui se trémousse à l'entre-pattes.

Savoir à quoi s'en tenir, comment, où se tenir, une fois pour toutes, c'est la foi.

La foi, c'est la fois pour toutes.

Quant au corps, ce qui, de lui, se lance ou se creuse pour recevoir ou atteindre d'autres êtres, qu'importe.

La chair n'est que le vase du principe éternel l'âme.

Dieu l'immobile

Les amoindrissements physiques et temporels paient l'assurance sur la vie à venir et à ne jamais finir. Marché conclu, l'Église béatifie gangrènes et pouilleries, plaies et ulcères. Elle tue pour exalter la mort, choie les nécrophiles qui (Barrès en est le prototype), de la déliquescence anarchisante au conformisme récompensé de funérailles nationales, font son jeu.

Et quelle gamme, de Poincaré, l'homme-qui-rit-dans-les-cimetières, à ce pauvre bougre abruti par plus d'un demi-siècle de servitude que j'ai entendu se lamenter : Tuer les vivants, passe encore, mais bombarder les tombes.

Or, le premier bond révolutionnaire ira droit à ces tombes qu'il s'agit de profaner, les unes pour jeter au fumier leurs cadavres-symboles, les autres pour rendre au jour ce qui agonisait, enterré vif.

Mais combien se réjouissent d'être cercueil à soi-même, de perpétuer dans la paralysie et le silence, « ce moment de délire, où selon Diderot, le clavecin sensible a pensé qu'il était le seul clavecin qu'il y eût au monde et que toute l'harmonie[1] de l'univers se passait en lui ».

Afin de ne rien perdre de cette harmonie il a rabattu son couvercle. Il devient une boîte hermétiquement close dont les cordes, faute d'être pincées, ne vont cesser d'aller se désaccordant. Clavecin fou de soi, assez fou pour prendre orgueil d'un vernis qui s'écaille, et de tout ce qui eût dû vibrer, mais se laisse décomposer en silence.

Qu'il consente un jour à s'ouvrir, montrer où il en est, ce sera pour l'unique et très satisfaite exhibition de pourriture dont il est l'écrin.

Des très dérisoires thérapeutiques individuelles

L'accordeur, j'entends le médecin, le philanthrope, le juge, le sociologue, le spécialiste de l'hygiène mentale que pourront-ils ?

Au cas même où les remèdes auraient, momentanément, paru efficaces, rien de plus précaire que cette guérison, tant que les conditions de la vie, les rapports sociaux continueront d'être ceux

---

1 L'harmonie, en période classique, la désharmonie en temps romantique, ce qui, d'ailleurs revient au même, quant à la manière d'être, sur le champ, agréablement affecté, et aussi quant au comportement ultérieur dudit clavecin.

qui firent la maladie du malade, le crime du criminel.

Et puisque chacun se croit Phœnix, s'il supplie qu'on brûle, anéantisse le guêpier de ses complexes, c'est dans l'espoir que, des cendres, vont renaître les frelons secrets dont le bourdonnement lui semble la plus belle, la vraie, la seule musique, la musique intérieure.

De l'imagination même (toujours le prétexte de l'humanisme et des humanités) n'a-t-on pas exigé qu'elle se contente de broder, rebroder et rebroder encore des arabesques autour des thèmes anciens.

Ainsi, tourne-t-elle en rond, nourrie de mythes les plus miteux, elle qui, active pourrait enfin rendre possible une vie qui ne serait plus, en faits et gestes, paroles et pensées, la parodie grotesque de ce qui fut.

Parallèlement aux autres, nous en avons vu, depuis trois lustres, de ces inflations satyriasistes et nymphomaniaques dont les excès, pour exaltés, exaltants qu'on ait voulu, *a priori,* les croire, ne révélèrent que la détresse et la sottise d'un monde.

De ces ébats forcenés, sordides, somme de tout ce qu'elle décrète péché, afin d'en élaborer quelque damnante notion, l'Église tira profit. Elle ne pardonne à la chair d'être chair que lorsqu'elle grelotte. Vienne le temps des haillons, elle offre, en guise de calorifère, son puant giron.

Quant à ceux qui ne portent de haillons que moraux, les Madeleines et Madeleins repentis, une fois leurs forces usées, la confession (la bourgeoisie n'en fait-elle point ses délices ?) la pénitence leur sont autant de moyens de se rappeler une vie dont ils ne veulent plus ou qui ne veut plus d'eux.

Au reste, que tel ou tel se défende des tentations religieuses, qu'il opte pour le cynisme du temps qui est le sien, il constatera, se contentera de constater la rencontre en lui des injustices, des hideurs, des niaiseries dont il se trouve le point d'intersection, décidé à l'ignorance, au mépris systématique des lignes droites, courbes, brisées, trajectoires, ellipses, paraboles qui sont non seulement l'histoire du monde, mais l'écriture même de cette histoire.

Le miroir déformant de l'égoïsme a fait croire à une convergence que l'orgueil interprétera dans un sens final.

Même et surtout le plus dogmatique des êtres ne conviendra de sa laideur qu'après avoir sinon défié, du moins assaisonné à quelque sauce esthétique cette laideur (expressionnisme). De sa monotone histoire, il conclura très vite à la monotonie du monde (scepticisme). Le porteur de conflits leur a spontanément reconnu de pathétiques lettres de noblesse. L'obsédé ne consent à prendre conscience de son obsession que pour en aimer, cultiver d'autant mieux cette chère obsession.

Les méthodes introspectives réputées les plus audacieuses, à quoi il accepte de se soumettre – souvent par snobisme – à les supposer excellentes, parfaites quant à leurs résultats, devraient constituer un simple chapitre préliminaire de la science à la fois particulière et générale (triomphatrice de la vieille psychologie, analytico-métaphysique) qui, sans prétendre, par démagogie, à l'humain, à l'humanisme, aux humanités, à l'humanité, après avoir balayé les prétextes contemplatifs dont se prévaut l'individualisme, désignerait à l'homme sa place dans l'univers.

Dans l'état actuel du monde et de l'opposition entre les vies collective et personnelle, ce qu'un observateur perspicace a fait, des profondeurs de l'inconscient, affleurer à la surface du conscient, le bénéficiaire d'une telle découverte n'en use que pour nourrir de nouveaux cauchemars et névroses jusqu'alors inédites.

Il m'a suffi, quant à moi, d'un simple rêve pour savoir que cette lumière, dans quoi on prétend nous baigner, nous laver, devint aussi fausse que le clair-obscur antérieur, dont les spécialistes hâtifs osaient prétendre qu'ils allaient le corriger.

Voici les faits :

Enfant, comme je l'ai dit, on avait tout fait pour me dégoûter des animaux. Or, voici deux ans, des amis qui me savaient seul et malade dans un sanatorium, m'envoyèrent un fox à poils durs.

Bien que la naïveté confiante du regard, l'élégance naturelle, le goût des jeux violents, de la campagne, de l'hiver sous la neige, la musculature des membres, l'étroitesse des reins, l'optimisme respiratoire, la passion de la viande rouge, une gourmandise enfantine de la volupté qui ne se donnait pas même la peine de distinguer entre l'un ou l'autre sexe de ses congénères, et jusqu'à la couleur tabac blond de son tape-à-l'œil lui valussent de traduire en chien le jeune anglais champion de hockey sur glace, buveur de whisky et applaudisseur de ballets russes, je l'avais débaptisé du britannique.

Les yeux topaze, qui se faisaient émeraudes à contre-jour, ne devaient pas trop y voir. De longues reniflades essayaient de corriger ce défaut. Mais parfois la truffe fraîche, humide, palpitante tombait sur de l'inodore. Le bonhomme de sauter, alors, pour mieux se rendre compte.

Ainsi, avec la conscience d'un jeune oxonien quelque peu esthète et surtout très myope, qui lors du premier voyage en Italie se révélerait acrobate pour ne point perdre une miette des quattrocentistes, monsieur mon chien bondissait et rebondissait et bondissait encore, pour inspecter, dans ses moindres détails, ma chambre.

J'essayai bien de l'arrêter en lui insinuant ce dicton classique en Albion : « *Un chat, un jour, mourut de curiosité.* » Malgré sa haine de la gent féline, il n'en continuait pas moins.

À cause de la chanson :

Marius hisse-moi
Que je voie la fusée volante
Marius hisse-moi
Que je voie la fusée voler.

il devint Marius, puis Bébé volant.

J'ai toujours interprété mes excellents rapports avec Marius-Bébé volant, comme une revanche de l'animal, c'est-à-dire de tout ce dont ma jeunesse, à tort ou à raison, s'estimait avoir été frustrée.

De maître à chien, les choses ne vont jamais sans quelque érotisme.

Lui, bien entendu, aimait à se frotter contre ma jambe, ne demandait qu'à me prouver la virtuosité de sa longue langue rose.

Pour moi, lorsque je l'avais, de l'anglais, fait passer au marseillais, je n'ignorais pas comment pouvait s'interpréter la chanson de la fusée volante. Quant au sobriquet de Bébé volant, n'évoque-t-il point le phallus napolitain, ailé, tel un chapeau de Mercure.

Des très dérisoires thérapeutiques individuelles

Or, quelques jours après avoir pris connaissance de mon horoscope, qui, justement, me déclarait peu favorables les animaux domestiques, Marius-Bébé volant se perdit et demeura introuvable. Les amis qui me l'avaient donné, m'envoyèrent, alors une chienne caniche.

La laine qui flottait autour de son corps, de ses pattes, métamorphosait, par contraste, son museau en bec de cigogne et ses pieds en incroyables petites mules Louis XV.

Son regard ne se limitait point, comme celui de Marius, à un éclat de pierre précieuse. Il était de phosphore liquide, double lac d'or en fusion, double puits de lave et de danger, à l'ombre d'une toison si légère que le moindre souffle se frayait route au travers de sa forêt pour révéler, à même la peau de vierge qui lui servait de sol, des broussailles de blondeur que la lumière du jour, faisait trop vite tourner au marron et celle du crépuscule au violet.

En tout et pour tout, elle était le contraire de Marius, méprisait les solides pièces de bœuf et les courses folles, mais il y avait, en compensation, un sacré mystère dans son allure de provinciale corsetée et vitrioleuse, abreuvée d'eau de mélisse et de cauchemar, nourrie de migraines et de croquignoles et surtout de la lecture spontanée, sans snobisme de *Fantomas*.

Elle était du temps des parapluies aiguilles et des bottines à boutons, mais aussi de celui des alchimistes. Elle eût pu servir de confidente à Thérèse Humbert et à Catherine de Médicis, leur donner des idées pour rien, pour le plaisir, par haine des pataudes et peureuses honnêtetés, que ses attaches ridiculement délicates, aussi bien à la cour des Valois que sous le septennat de Loubet, lui eussent certes, valu le droit de mépriser.

Elle n'avait pas besoin de sommeil.

Si la nuit l'abolissait, formes et couleurs, toutes les forces de l'obscurité ne pouvaient rien contre ses yeux qui brillaient, non en veilleuses, mais en menaceuses. Cette présence de sorcière m'empêchait de dormir.

Coïncidence, elle s'appelait Marianne.

En souvenir de Marius-Bébé volant, je lui en voulais, comme d'une imposture, de ce nom qu'elle ne s'était pourtant point donné à elle-même.

René Crevel

À cause de tout ce qui m'inquiétait sous cette apparence de chienne, et, parce qu'elle n'était pas sans rapport avec le héros de Chirico, elle devint Mme Hebdomeros.

Or, Mme Hebdomeros, est-ce le surnom qui le voulut, ne dura qu'une semaine.

Elle courut après une auto (durant le passage de laquelle, je l'avais tenue au collier) la rejoignit, alla donner contre un pneu, de la pointe de son fragile bec de cigogne, et, pas même blessée, tomba.

Une lourde pelote de laine qui perd sa chaleur, sur une route, au soir tombant, jamais je ne pourrai plus, sous un autre aspect, me figurer la mort. Dans mes rêves, le regard de Mme Hebdomeros se ralluma, ne se ralluma que pour s'éteindre.

À la minute où elle se laissait aller de toute sa masse, une autre masse faisait une chute simultanée. C'était mon sexe qui se détachait à l'instant que Mme Hebdomeros n'avait plus le courage, la vie de se laisser tenir sur ses quatre pieds de midinette. Elle avait, au préalable, lu et jugé mes plus intimes pensées. Elle avait conclu, décidé en anglais que j'étais trop *selfish* pour cohabiter, coexister avec un animal, avec l'animal.

De ce rêve, fallait-il conclure, selon le psychanalyste, que la peur puérile des chiens exprimait déjà le complexe de castration ? ou au contraire, la complaisance systématique à ressusciter de vieilles hantises avait-elle redonné pieds et pattes à une obsession, pour la relancer à mes trousses ?

Ainsi, aurais-je, non point voulu ma revanche, mais accepté, souhaité, fait en sorte de perdre d'abord Marius, puis précipité dans le sillage des autos meurtrières Mme Hebdomeros. La retenir par le collier n'eût donc été qu'une manière à la fois de jouer le bon maître et d'exaspérer, dans une si calme personne, l'envie de courir, de courir jusqu'à la mort.

Un problème posé d'après les règles et formules de la psychologie traditionnelle, des questions réduites à elles-mêmes, au gré de la méthode analytique, ne peuvent recevoir de juste solution, ni même de réponse approximative.

Il ne saurait plus, d'ailleurs, en aucun cas, s'agir d'anecdotes personnelles, ou, plutôt, il n'est d'anecdote personnelle qui ne doive entraîner au-delà, hors d'elle-même la créature à propos, autour de

Des très dérisoires thérapeutiques individuelles

qui, en qui ont eu lieu les faits matériels ou moraux, occasions de ladite anecdote.

Sans doute, certaines interrogations même engluées d'égoïsme, signifient-elles qu'un travail de déblaiement est déjà commencé. Mais que doit espérer de son labeur celui qui creuse, sans auparavant s'être mis en garde contre ses propres éboulis de prétextes et d'hypocrisies.

Que soit, grâce aux efforts et recherches d'un petit nombre, levé ce que Breton appelait *le terrible interdit,* de quoi cela servira-t-il, si, à nouveau, les anciennes zones interdites se trouvent morcelées en jardins d'agrément ou de désagréments individuels, si, par veulerie panthéiste, elles se laissent tourner en terrain vague, ou si, tout au long des avenues qui se prétendront modernes, poussent des gratte-ciel scolastiques.

Les partisans et défenseurs de la tradition à tout prix, escrocs ou jobards, sont toujours prêts à crier au miracle, au cristal, dès que les poussières de mica, par leurs soins amoncelées, interceptent notre, votre, leur peu de lumière pour nous, vous, se la renvoyer en plein visage, par faisceaux aigrelets et aveuglants.

Au reste, le petit sadisme des observateurs, l'orgueil masochiste des observés se réjouissent de toutes les conjonctivites, comme si, au degré de leur violence, pouvait se mesurer sinon l'illumination, du moins la clairvoyance.

Le christianisme n'a jamais perdu le goût médiéval des écrouelles. Les paradoxes évangéliques sur le bonheur des affamés et des pauvres d'esprit servent encore de titres, d'épigraphes, de thèmes aux livres de nos littérateurs.

Un monde ne convient-il pas de son imbécillité et de sa platitude, à l'instant qu'il accepte d'expliquer par quelque pénurie hypertrophie ou morbidesse qui fait en sorte de n'être ni plat, ni imbécile.

La culture bourgeoise commence toujours par se rire des recherches qui visent plus loin que l'habituel. Les audacieux, on les qualifie de têtes brûlées, comme si le bûcher, que l'Inquisition destinait aux hérétiques, attendait encore ceux que n'ont point retenus les barrières orthodoxes.

Nos officiels, en fait soumis à l'Immobile, malgré leur profession de laïcité, ne proposent qu'une connaissance passive de l'humain.

René Crevel

Les sciences sociale et morale se contentent de démonter théoriquement un monde, sans même songer à un nouvel et meilleur assemblage des pièces détachées.

Aux soigneurs et philanthropes, amateurs et professionnels des États capitalistes, je demande : Pourquoi accorder et raccorder ce clavecin sensible, comment s'étonner qu'il ne réponde pas juste, s'il continue d'être touché, pincé injustement.

Le surréalisme au service de la révolution

Quelle que soit la question qu'on aborde et le côté dont on l'aborde, à peine franchies les curiosités extérieures, dès le périmètre, il faut bien, à la convergence des rayons, reconnaître pour centre du cercle le désir de la connaissance.

Mais, ici, le déterminatif abstrait n'a pas à faire le vampire, à vider de leur sang, pour les momifier l'homme et ceux de ses besoins qu'un vocabulaire abusivement analytique taxe d'immatériels.

Le désir de la connaissance fait partie intégrante de l'ensemble des désirs, du Désir, puisque né de l'obligation pour la créature de trouver un accord entre ses exigences les plus intimes et celles du monde extérieur.

Cet accord, dans la France de 1932 n'est certes point un accord parfait.

Le désir de la connaissance que l'opportunisme méditerranéen voulut, dès la plus haute antiquité, étouffer sous les roses païennes, l'Église entendit, plus tard être son étrangleuse. Or, s'il a su ressusciter de toutes les asphyxies plus ou moins parfumées au parfum des vertus chrétiennes, il doit aujourd'hui encore triompher de plus d'un attentat dogmatique.

Qu'on gratte certaines crasses, qu'on se refuse à la tradition ignorantine, qu'on ne laisse plus tourner à l'endive, au fond d'artichaut filandreux la matière érectile, la matière sensible, et de se condenser, se concentrer la tartuferie éparse dans l'atmosphère d'un monde petit-bourgeois.

Front unique des foudres pudibondes : « Vous ne cherchez qu'à compliquer les rapports si simples de l'homme et de la femme, nous dit une buse » (cf. André Breton, *Misère de la poésie*).

Étrange matérialisme que celui de cette buse pourtant matérialiste de profession ! Quoi de plus spécifiquement idéaliste, en effet, que la croyance en la possibilité pour tel ou tel de compliquer des rapports simples ?

Cet apriorisme témoigne en outre d'un esprit assez peu révolutionnaire pour donner à redouter la naissance d'un nouveau puritanisme, en réplique, d'ici un siècle ou deux, aux prohibitions et hypocrisies de l'Amérique sèche. Les vrais matérialistes, et aussi bien Diderot, quand il explique par la pauvreté ou la peur de la vérole certaines anomalies qu'Engels quand il étudie les origines de la famille, ont constaté l'universelle réciprocité, de loi, dans le domaine sexuel, comme ailleurs.

Et cependant la superstition d'une responsabilité individuelle intrinsèque semble prévaloir, et, avec elle, la notion de faute, de péché. Ainsi parce que les cervelles sont mal décapées du christianisme et de ses croûtes, à la fin de ce premier tiers du XXe siècle, l'Encyclopédie apparaît vraiment à refaire.

D'autre part, quoi qu'en ose prétendre, tel soi-disant psychanalyste, la réaction coléreuse de qui se soumet à son examen n'est pas simple réflexe d'un refoulé qui défend son refoulement. Le psychanalysé libre de psychanalyser son psychanalyseur, a, dès la première question, constaté que la psychiatrie donnée pour médecine de l'âme est en train de tourner à la médecine de l'amour.

Que se poursuive ainsi la suite des escroqueries idéalistes, les découvertes de Freud n'en demeurent certes pas moins admirables. Mais, sous les précautions oratoires de ses suiveurs, on retrouve la grossièreté bien réaliste du carabin classique dont la turlupinade, avec l'âge, ne manque jamais de tourner à l'esprit fort.

Après des citations de Marx et d'Engels, amplement compensées, du reste, par celles de Mmes Jeanne Galzy, Maryse Choisy, Gina Lombroso et la princesse Nouchafferine, le Dr Allendy qui, dans son dernier livre *Capitalisme et sexualité*, ose faire comme s'il combattait les préjugés, ne s'en hâte et réjouit pas moins d'affirmer, avec une suffisance de joli barbu, que « les femmes se sont adaptées à un rôle de parasitisme économique et sont liées au capital. La femme, conclut-il, n'est pas seulement, comme dans le symbolisme poétique, la coupe qui reçoit la semence et la conserve. Elle est aussi la tirelire qui retient les sous ».

En réponse à tant de galanterie, il faut bien demander à ce médecin si sa médecine ne s'est pas, elle aussi, *liée au capital*. Alors, j'y vais de ma petite question : comment le Dr Allendy conçoit-il l'exercice de *sa* psychanalyse, après l'édification du socialisme ? Selon lui, si j'ai bonne mémoire, la cure, pour porter ses fruits, doit imposer au patient, entre autres sacrifices, un sacrifice d'argent. On voit d'ici le soigneur qui, par probité scientifique, dit au soigné : « Vous avez deux mille francs par mois. Si vous voulez que je vous guérisse donnez-m'en mille. »

L'humour reprend ses droits qu'il n'avait, d'ailleurs, jamais perdus. Ubu fait monter la psychanalyse dans le voiturin à phynances.

Les palotins de tout poil se mettent ainsi à nous la faire et refaire à l'oseille. Quand Berl écrit : « Il y a un genre littéraire qui, de toute évidence est malade : la poésie », nous voyons passer le bout de l'oreille, oreille d'âne bien entendu, et d'un âne qui a contre qui se frotter puisque *asinus asinum fricat*.

Or, cet âne, tous les ânes en fin de compte, ne demandent qu'à braire un petit retour à l'humanisme, au culte des apparences, au réalisme. Ils veulent ce que leurs pareils ont toujours voulu : que le clavecin n'ait rien à se rappeler, qu'il s'assourdisse, petit à petit, jusqu'à n'être plus qu'un de ces claviers muets, dont se servent, pour leurs gammes, les virtuoses en voyage.

Alors, les doigts ont beau s'exercer, nulle oreille ne peut, de ces exercices, être nourrie.

Et ceux qui veulent entendre ?

Et entendre dès maintenant, dès ce monde.

Au lycée, leur eût-on épargné les farces menaçantes du catéchisme, à propos de n'importe quoi, fût-ce le début des *Métamorphoses* d'Ovide (*Os homini sublime dedit*) on avait tout mis en œuvre pour les persuader de regarder au-dessus d'eux, mépriser ce qui se passe à leurs pieds, s'oublier et oublier leur monde dans la contemplation du firmament.

Aujourd'hui, ne prennent plus ces attrape-nigauds que l'on croyait des attrape-poètes.

Le surréalisme au service de la révolution

Ainsi, Pierre Unik, dans le *Théâtre des nuits blanches*, constate : « Le ciel n'était que le miroir de l'obscurcissement. »

Il ajoute d'ailleurs : « Le battement d'ailes de l'amour à son apogée laissait une trace d'air libre sur les ténèbres du miroir. »

Visage, visage perceur de murailles, s'était déjà écrié Paul Éluard.

Or, l'amour, s'il est cette voie lactée, cette fenêtre ouverte, on sait, de quelle suie, de quelle pluie de vitriol l'accable la Réalité du monde capitalo-religieux, où, tout demeure, on ne peut plus tristement actuel, des monstruosités dénoncées par Engels dans *Les Origines de la famille.*

L'idéalisme bourgeois s'y connaît assez en chantage, pour fausser les rapports de clavecin sensible à clavecin sensible.

Esprit, âme, fidélité, à qui s'autorise de ces grands mots et de tant d'autres, pour codifier les anciennes défenses et en édicter de nouvelles, Diderot a donné, sous forme interrogative, la meilleure réponse qui se puisse :

« Et d'où savez-vous que la sensibilité est essentiellement incompatible avec la matière, vous qui ne connaissez l'essence de quoi que ce soit, ni de la matière, ni de la sensibilité ? Entendez-vous mieux la nature du mouvement, son existence dans un corps, sa communication d'un corps à l'autre ? »

Mais justement, ils n'entendent rien, ne veulent rien entendre et c'est pourquoi une telle banqueroute (la crise, la Crise majuscule, générale de par les Royautés parlementaires et Républiques conservatrices) étouffe « le commerce des hommes, dans lequel, constatait Diderot, il n'y a que des bruits et des actions ».

Du bruit, des actions…

Paresse, lâcheté, opportunisme ont voulu croire, ont fait en sorte qu'on crût le contraire. On a donné comme le fin du fin, la fin des fins, la vie intérieure, on a conseillé au vivant le silence, l'immobilité. On a prétendu ceux de la pensée, les attributs mêmes de la mort.

Ce n'est point simple hasard, ce n'est point rencontre fortuite au jardin des symboles, si, dans le premier film de Bunuel et Dali et sur plusieurs toiles de Dali, ressuscite le clavecin de Diderot, sous forme d'un piano qui a toutes ses dents et tous ses nerfs et offre son clavier au délire de Guillaume Tell et de ses compagnons, sa caisse à l'éclosion d'incroyables fontaines, et surtout, son dos à l'étalage des ânes pourris et ses chevilles impitoyables aux cordes étrangleuses de frères ignorantins.

De toute sa force, de la seule force de ses sentiments et de ses muscles, le héros du *Chien andalou* traîne ce fardeau pathétique et vengeur, à travers un appartement, on ne peut plus quotidien.

Clavecin sensible : les encyclopédistes dans leur immense entreprise, au cours d'un siècle de bouts-rimés, n'ont cessé de témoigner du véritable esprit poétique, d'un esprit qui voulait faire quelque chose, fît quelque chose, puisqu'il prépara la chose à faire la Révolution , et ainsi, fut digne de l'étymologie de son admirable qualificatif poétique du grec *poiein,* faire.

La poésie faut-il encore répéter qu'elle n'a rien à voir avec ces chants plus ou moins heureusement rimés ou rythmés qui flattent les choses et les êtres bien en place et les laissent à leurs places ?

La menace que ne cesse d'être une poésie digne de ce nom, Platon ne fut-il pas le premier à la reconnaître, qui chassait les poètes de sa République bavarde et opportuniste, la première république des professeurs.

Le poète, il est le plus sensible des clavecins sensibles, donc, de ce fait, le moins facile d'entre eux. Ses recherches, son alchimie, si verbale puisse-t-elle paraître, ne font point de lui un de ces spécialistes que la société volontiers protège, sachant que toute spécialité à soi-même confinée, ne risque guère de lui être danger.

Un contemporain de Diderot imagine un clavecin de couleurs, Rimbaud, dans le sonnet des voyelles, nous révèle le prisme des sons, les objets surréalistes de Breton, Dali, Gala Éluard, Valentine Hugo, sont des objets à penser amoureusement : la poésie, ainsi, lance des ponts d'un sens à l'autre, de l'objet à l'image, de l'image à l'idée, de l'idée au fait précis. Elle est la route entre les éléments d'un monde que des nécessités temporelles d'étude avaient isolés, la route qui mène à ces bouleversantes rencontres dont témoignent les tableaux et collages de Dali, Ernst, Tanguy.

Elle est la route de la liberté, une route qui ne veut pas se laisser perdre parmi les terrains vagues.

« Nécessités de la vie et conséquences des rêves », écrivait, voilà

Le surréalisme au service de la révolution

plus de dix ans, Paul Éluard en titre à un recueil de poèmes. Or, « la nécessité n'est aveugle que tant qu'elle n'est pas connue ». Engels qui cite cette phrase de Hegel la commente en ces termes : « La liberté n'est pas dans une indépendance illusoire par rapport aux lois de la nature, mais dans la connaissance de ces lois et dans la possibilité, fondée sur cette connaissance, de les faire agir, afin d'atteindre des fins déterminées. Cela se rapporte aussi bien aux lois qui régissent la nature extérieure qu'à celles qui régissent l'être matériel et moral de l'homme même, c'est-à-dire à deux catégories de lois qu'il est, tout au plus, permis de séparer dans nos idées, non dans la réalité. La liberté de vouloir n'est donc, par conséquent, que la faculté de prendre des décisions en connaissance de cause. »

Connaissance de cause, connaissance, conséquences des rêves.

Quelques syllabes sur la couverture d'un livre pré-surréaliste avaient donc, déjà, situé les recherches qui, pour le plus grand dommage des profiteurs de la très française idolâtrie analytique, devaient aller à ces découvertes que les connétables des lettres, poètes gentilshommes (à nous les particules de l'ère romantique !) poètes-politiciens chers à M. Thibaudet n'avaient, jamais, certes, eu la tentation de donner pour buts à leurs promenades dans ces domaines dont ils avaient fait leurs chasses gardées. Ils étaient en quête de rossignol. Mais, comme s'est plu à le rappeler Lénine, en tête d'une de ses études, *le rossignol ne se laisse pas nourrir de fables*. Or, il y a belle lurette qu'il se mourait de faim l'oiseau-symbole. Qui aurait, en effet, pu venir lui porter à manger, puisque les très démagogiques clés des songes, dont s'encombrent les boîtes à bouquins, les boîtes à rouilleries, sur les quais, n'ouvraient nulle porte.

Une des nécessités de la vie et de l'esprit, de la vie de l'esprit, la nécessité poétique ne semble la plus aveugle que parce qu'elle est la plus difficile à connaître.

Le surréalisme qui entend dissiper les obscurités tabou, ainsi, travaille à élaborer la notion d'une liberté, enfin, à ne plus confondre avec les caprices d'esthète, la fantaisie et autres crépinettes de l'individualisme.

Et cependant, voici que, déjà, retombent dans les traquenards dénoncés par les dialecticiens marxistes ceux qui, faute de les avoir compris, faute d'avoir trouvé dans leurs ouvrages des textes d'application immédiate, au lieu de travailler à la synthèse, victimes de la vieille manie analytique, opposent entre elles les nécessités donnent à choisir entre les unes et les autres et les libertés qui correspondent aux unes et aux autres.

Les quelques hommes qui demeurent groupés autour d'André Breton ont à charge et à cœur de poursuivre le mouvement dont le *Manifeste du surréalisme* a marqué la naissance, et le *Second Manifeste* un point de son évolution qui, à l'image de toute évolution, est « concevable comme unité des contraires dédoublement de ce qui est un en principes qui s'excluent et rapports entre ces principes opposés » (Lénine).

Les rapports entre ces principes opposés, voilà ce que nient les intellectuels de toute leur rage métaphysicarde.

L'ignorance systématique des problèmes culturels n'est pas mieux tolérable chez qui prétend travailler de toute sa violence à la résolution du conflit social, que le mépris du conflit social de la part de qui déclare s'intéresser, de près ou de loin, à l'examen des questions culturelles.

Et pourtant ce mépris, cette ignorance osent encore se manifester avec une telle impudence que Breton dut écrire *Misère de la poésie,* en réponse à toutes les niaiseries et saletés qui avaient trouvé une occasion inespérée de donner libre cours à leurs flots, lors de l'affaire Aragon (publication du poème *Front rouge* dans la revue *Littérature de la Révolution mondiale.* Inculpation d'Aragon. Protestation et appel en sa faveur des surréalistes).

On sait qu'Aragon lui-même, en vint à dénoncer comme contre-révolutionnaire le contenu de la brochure, avec laquelle, il avait commencé par se déclarer objectivement d'accord, si tactiquement contre.

La plus calomnieuse, mais, sans doute, la plus tactique des injures, la désassimilation soudaine de ce qui avait pu sembler, sinon le plus haut souci, du moins la spécialité, quinze années durant, d'un être, à ne les considérer, que du point de vue de la dialectique, dont, justement, elles se réclament au premier chef, révèlent l'étroitesse spécifique dénoncée par Engels, l'étroitesse d'un de ces petits crânes analytiques, où il n'y aura jamais place pour l'ample

Le surréalisme au service de la révolution

travail de la synthèse.

N'est-ce point, d'ailleurs, la même maladie de l'intelligence, le même dualisme non surmonté[1] qui, au plus beau de sa période littéraire inspirait à Aragon l'inoubliable « *Moscou la gâteuse* ».

Aux observations que se voient, de toute part, opposer les recherches surréalistes, à la négation des problèmes culturels qu'on ne veut pas laisser résoudre, pas même poser, il n'est de meilleure réponse que cette constatation d'Engels dans l'*Anti-Dühring* : « Les principes ne sont pas le point de départ de la recherche mais le résultat final, ne sont pas appliqués à la nature et à l'histoire de l'humanité, mais en dérivent. Ce n'est pas l'humanité et la nature qui se modèlent sur ces principes, mais les principes ne sont vrais que dans la mesure où ils concordent avec la nature et l'histoire. »

Désespérer, de façon catégorique ou passive, de cette concordance, c'est, à la vérité, faire preuve d'agnosticisme, c'est, pratiquement, condamner à la tour d'ivoire le poète. Mais voici que justement, de ses propres mains, il déchire le brouillard dont on voulait noyer son monde, pour qu'il crût que sa plate-forme était la seule île solide. Il ne veut plus de cet isolement. Ce refus lui est dicté par une nécessité, désormais à ne plus contrarier : la nécessité poétique dont la méconnaissance, l'ignorance fut un des attributs négatifs mais indéniables de la culture bourgeoise.

La bourgeoisie ne voulait, en effet, que des chants en son honneur, des gammes, arpèges, triolets où elle pût reconnaître l'écho de ses bruits intimes (depuis la plus grasse de ses satisfactions bémoles, jusqu'à la plus aiguë de ses inquiétudes dièses).

De position idéologique, la bourgeoisie ne sut jamais prendre, ni chercher d'autre que celle commandée par le plus grossier, le plus immédiat des besoins.

---

[1] À ce dualisme non surmonté, à cet actualisme borné, à ce plat esprit de circonstance, nous opposons la dialectique spontanée, l'authentique poésie, l'humour objectif d'un Péret, qui, dans la mort du lieutenant Condamine de la Tour , au Maroc, dans celle de la propriétaire des magasins de la Samaritaine : *Elle est crevée la mère Cognac*, trouve une inspiration à faire honte à ce monde, à ce temps une inspiration toujours digne du titre de son prochain recueil : *Je ne mange pas de ce pain-là*. Seule, une telle inspiration nous rapproche de cet équateur (enfin à ne plus confondre avec le tiède, écœurant juste milieu) dont un point brûlant ne peut manquer de s'offrir, quelque jour, à la rencontre des lignes nées aux antipodes, aux pôles de l'homme.

René Crevel

Aussi, Rodin a-t-il eu raison d'asseoir, en fait de penseur, devant le Panthéon des gloires nationales, un homme de bronze dont l'effort nous donne à penser que ça lui tombera des boyaux, plutôt que ça ne lui jaillira de la cervelle.

Une tel spectacle, d'ailleurs, nous évitera d'oublier que le Panthéon devait être une église, et, en tout cas, n'a pas été, comme il eût fallu, désaffecté, désinfecté, a conservé sa forme de croix.

Cette brute d'airain, sous son apparence de nudiste obtus, avec son anatomie d'adjudant, il est le digne successeur de Dieu, de l'Immobile, pour qui, étant donné ses attributs, la création n'est concevable que sous forme de divertissement fécal.

Quant à la bourgeoisie qui s'est donné pour mâle ce penseur à son image, elle prétend fruit de ses entrailles, de ses seules entrailles tout ce qui est esprit.

Elle veut faire croire que, forcément, de ses jupes, doivent sortir, aux plis de son cotillon, s'accrocher les intellectuels.

Que l'un, parmi eux, ne soit, se réjouisse de n'être, d'elle, issu, que tel autre d'elle s'éloigne, elle commencera par faire des petits signes d'amitié, des mamours. Elle ouvre son giron, elle ne demande qu'à être la maman Kangourou de tous les enfants prodigues.

Et si l'on ne veut pas habiter la poche où elle entasse tous ceux qui, par peur des intempéries, acceptent la tiédeur nauséabonde qu'elle leur a offerte ?

Alors, elle imite la plus rageuse des femelles, la Vierge Marie, alors, elle se métamorphose en Notre-Dame du coup de pied dans le bas-ventre. Il ne faut pas qu'on lui résiste. Elle entend, à la fois, pondre tout et tous et ne rien laisser de ce qu'elle a pondu. Elle s'adore au point de gober, comme si c'était des œufs du jour, ses moindres, ses plus vieilles crottes de bique. Elle ne se nourrit que de ses déjections, même et surtout quand elle fait la petite idéaliste. Sacre-t-elle basses certaines parties de son individu c'est afin de s'en mieux délecter.

Soumis à son exemple, chacun de ses fils se condamne au plus grossier matiérisme.

Ainsi le veut la tradition de l'Église de toutes les Églises, pour qui l'esprit devient matière, le Verbe se fait chair.

Le surréalisme au service de la révolution

L'homme religieux (ou, ce qui revient au même, celui dont le libéralisme zigzagant n'échappe point au croc-en-jambe des idolâtries ancestrales) ce délicat tombé de la plus nébuleuse des nébuleuses, dans un tonneau de vidange, cet idéaliste, il n'en fait pas moins profession de mépriser le matérialiste, pour qui, l'être conditionnant le penser, il y a passage de la matière à l'esprit, donc, selon le jugement qualitatif de l'idéaliste lui-même, progrès, au lieu de cette chute orthodoxe et désespérante de l'esprit en pleine matière.

La bourgeoisie ne pouvait vouloir d'autre psychologie que celle qui, de la pensée, considère le seul arrêt. Elle ne voulait point que conscience fût prise d'une course, signal donné d'une marche qui eussent pu mener ailleurs. Elle parlait de précision, d'instruments, d'expérience, mais au lieu de montre, elle offrait un cadran, avec deux aiguilles peintes à même le carton. Elle croyait ainsi que l'heure ne changerait pas, donc que ne passerait pas la sienne, que ne viendrait pas celle des autres.

Un auteur prophétisait la fin de l'Éternel.

Nous nous contenterons de travailler à la fin de l'Immobile.

Et, dès maintenant, parce que, toujours et encore, la dent des vieux préjugés veut mordre dans l'œuvre révolutionnaire, parce que, jamais, ne se dissipe la menace des obscurantismes, parce que n'est point assez clairement dénoncée la méthode dont le défaut interdit d'aller de la nuit au jour par une aube illuminée de rêves, parce que les spécialistes ne cessent de nous la nasiller à la réalité, parce que le conventionnel esthétique, l'apriorisme moral renaissent de leurs cendres, il importe de rappeler, non en guise de conclusion, mais comme signal de départ la définition donnée par Breton, dans son premier *Manifeste du surréalisme*.

Surréalisme : *n. m. automatisme pur, par lequel on se propose d'exprimer soit verbalement, soit par écrit, soit de toute autre façon, le fonctionnement réel de la pensée. Dictée de la pensée en l'absence de tout contrôle exercé par la raison, en dehors de toute préoccupation esthétique ou morale.*

ISBN : 978-1535552264

René Crevel

CPSIA information can be obtained
at www.ICGtesting.com
Printed in the USA
BVHW04s1736010418
512179BV00011B/312/P